어린이를 위한 원씽의 힘

ⓒ 전지은, 2023

이 책의 저작권은 저자에게 있습니다.
저작권법에 의해 보호를 받는 저작물이므로
저자의 허락 없이 무단 전재와 복제를 금합니다.

평범한 아이를 특별하게 만드는 '단 한 가지'의 마법

어린이를 위한
원씽의 힘

전지은 글 · 유영근 그림 · 노규식 감수

비즈니스북스

어린이를 위한 원씽의 힘

1판 1쇄 인쇄 2023년 11월 14일
1판 1쇄 발행 2023년 11월 21일

지은이 | 전지은
그린이 | 유영근
발행인 | 홍영태
편집인 | 김미란
발행처 | (주)비즈니스북스
등 록 | 제2000-000225호(2000년 2월 28일)
주 소 | 03991 서울시 마포구 월드컵북로6길 3 이노베이스빌딩 7층
전 화 | (02)338-9449
팩 스 | (02)338-6543
대표메일 | bb@businessbooks.co.kr
홈페이지 | http://www.businessbooks.co.kr
블로그 | http://blog.naver.com/biz_books
페이스북 | thebizbooks
ISBN 979-11-6254-352-8 73810

* 잘못된 책은 구입하신 서점에서 바꾸어 드립니다.
* 책값은 뒤표지에 있습니다.
* 비즈니스북스에 대한 더 많은 정보가 필요하신 분은 홈페이지를 방문해 주시기 바랍니다.

> 비즈니스북스는 독자 여러분의 소중한 아이디어와 원고 투고를 기다리고 있습니다.
> 원고가 있으신 분은 ms1@businessbooks.co.kr로 간단한 개요와 취지, 연락처 등을 보내 주세요.

감수의 글

스스로 꿈을 찾고 기록하고
실천하게 만드는 '원씽'의 힘

요즘 우리 아이들은 정말 바쁩니다. 학교 수업을 마치고 난 후에도 학원에서 또 공부를 합니다. 학원에서도 영어, 수학만 공부하는 것이 아니죠. 음악, 미술, 체육 같은 수업도 듣습니다. 그 사이사이에 스마트폰으로 게임을 하거나 SNS로 소통하고 유튜브나 웹툰 등을 봅니다.

　아이들이 늘 바쁘기는 한데, 어느 것 하나에 열정을 보이고 노력을 쏟아서 좋은 결과를 얻거나 성취감을 경험하지는 못한 채 그저 하루하루를 보내고 있는 것 같아 안타까울 때가 많습니다.

　《어린이를 위한 원씽의 힘》은 이러한 시대를 살아가는 우리 아이들이 '단 하나'(원씽)에 집중하는 방법을 알려 줍니다. '원씽'은 하나의 일에 완전히 집중하는 것을 의미합니다. 여러 가지 일을 동시에 하다 보면 정작 중요한 것을 놓치고 에너지만 낭비하게 될 수 있습니다. 반면, 한 가지 일에 집중하면 내가 하고자 하는 일을 더 효과적으로 해 낼 수 있고, 성공 확률도 높아집니다. 일단 이렇게 한 번 성공하고 나면, 이때 얻은 성취감을 바탕으로 그다음 단계의 일에 더욱 집중할 수 있고, 또 한 번 훌륭하게 해내게 됩니다. 이런 식으로 마치 도미노가 쓰러지듯이 기하급수적으로 늘어나는 성공을 경험할 수 있습니다.

어릴 때부터 컴퓨터 프로그래밍에 빠져 지냈던 빌 게이츠가 스무 살에 마이크로소프트를 창업한 후 마침내 세계 초일류 기업으로 성장시킨 것이나, 초등학생 때부터 매일 땀을 흘리며 축구 연습에 매진했던 손흥민 선수가 지금 세계적인 선수가 되어 영국 프리미어 리그에서 맹활약하고 있는 모습은 '단 하나'(원씽)가 어떻게 '성공의 도미노' 효과를 일으키는지 잘 보여 줍니다.

하지만 '원씽'은 특별한 사람들의 이야기가 아닙니다. 누구나 일상생활에서 중요한 단 하나에 집중하고 그것을 발전시킨다면 분명히 성공에 이를 수 있습니다. 아이들이 여러 가지 일을 동시에 해낼 수 있어야 능력 있는 사람이라고 생각하는 '멀티태스킹'의 환상을 버리고 하루에 한 가지에 집중하도록 도와주세요. 그 하나가 학교 과제여도 좋고, 피아노 연습이나 축구 연습이어도 좋습니다. 그것을 함으로써 '다른 모든 일들을 쉽게' 혹은 '필요 없게 만들' 일이면 됩니다.

《어린이를 위한 원씽의 힘》에서는 한 사람 한 사람에게 필요한 그

단 하나의 일(원씽)을 찾는 과정을 알기 쉽고 재미있게 이야기로 풀어 놓았습니다. 이 이야기를 따라가다 보면 왜 단 하나의 일을 찾고 그것을 하는 데 집중하는 것이 중요한지 자연스럽게 이해할 수 있습니다. 그리고 매 장 마지막의 〈생각해 보기〉는 아이들 스스로 '나만의 원씽'을 찾아 나아갈 수 있게 하는 길잡이가 되어 줄 것입니다.

비록 《어린이를 위한 원씽의 힘》이지만, 부모님들도 자신만의 '원씽'을 찾아보시길 권합니다. 우리 아이들이 자신에게 필요한 것들 중에서 가장 중요한 단 하나에 집중하고 그것을 이루기 위해 부모가 해야 할 단 하나의 일을 찾아보는 것입니다. 이렇게 함으로써 부모의 행동에 변화가 생기면 자연스럽게 아이의 생각과 행동에도 변화를 가져올 수 있습니다. 그뿐만 아니라 부모가 하나의 일에 집중하면서 무언가를 해결하는 모습은 아이들에게 좋은 본보기가 될 것입니다. 또한, 아이가 이루어 낸 작은 성공들을 축하해 주고 격려해 주다 보면 아이는 점점 더 많은 것을 이루어 갈 수 있을 것입니다.

하고 싶은 일도 많고, 해야 할 일도 많아 한 가지에 집중하기 힘든 그야말로 '멀티태스킹의 시대'이지만, 여러분이 '원씽'을 실천하면 작은 성공들이 쌓이고 쌓여 결국 크고 중요한 목표에 가까워질 수 있습니다. 지금부터 하나의 일에 집중하며 차곡차곡 성공을 쌓아 가는 경험을 해보세요. 분명히 재미있고 의미 있는 여정이 될 것입니다!

차례

감수의 글 스스로 꿈을 찾고 기록하고 실천하게 만드는 '윈씽'의 힘 · 5

이것도 하고 싶고, 저것도 하고 싶어! · 11
생각해 보기 1 내가 가장 좋아하는 일은 무엇일까? · 22

난 뭘 하는 걸까? · 24
생각해 보기 2 한 가지 일에 완전히 집중하기 · 36

어떤 사람이 되고 싶어? · 38
생각해 보기 3 나의 꿈을 찾는 4단계 · 54

찾았다, 지금 할 일! · 56
생각해 보기 4 초점탐색 질문 던지기 · 80

정말 할 수 있을까? · 82
생각해 보기 5 꿈을 이루는 데 방해가 되는 것들을 이겨 내려면? · 104

원씽(The One Thing), '단 하나'를 실천하기 위한 첫걸음 • 106
생각해 보기 6   목적의식 갖기 • 126

탄탄한 고무줄이 되기 위해 • 128
생각해 보기 7   시간 배분 잘하기 • 150

나만의 '목표' 도미노 세우기 • 152
생각해 보기 8   목표 도미노 세우기 • 166

다음 목표는 어린이 기자단! • 168
생각해 보기 9   최종 목표를 이루기 위해 필요한 것들 • 183

멈추지 말고 '단 하나의 일'에 집중하는 거야! • 185
생각해 보기 10   '단 하나의 일'에 집중하기 위해 내가 할 일 • 198

이것도 하고 싶고, 저것도 하고 싶어!

저녁 늦은 시간, 영어 학원을 마치고 축 처진 어깨로 집으로 들어가던 서준이가 현관에 놓인 신발을 보고 큰 소리로 외쳤다.

"삼촌!"

급하게 신발을 벗어던지고 들어가니 거실에서 삼촌과 누나가 서준이를 쳐다보았다.

"오, 서준아! 오랜만이야!"

서준이는 환히 웃으며 인사를 건네는 삼촌에게 와다닥 달려가 안겼다. 엄마의 막냇동생인 외삼촌은 서준이가 세상에서 가장 좋아하는 사람이었다. 프로게이머로 활동할 때도 멋있었지만, 게임 해설가로 활동하는 지금도 삼촌은 변함없이 멋있다. 언제나 멋지고 자랑스러운 데다가 어떤 일이 있든 무조건 자신의 편이 되어 주는 삼촌이 서준이

는 정말 든든하고 좋았다.

"삼촌! 왜 이렇게 오랜만에 왔어요? 나 진짜 삼촌 보고 싶었는데!"

"아이고, 그랬어? 이젠 자주 올 거야. 바쁜 일 다 끝났거든."

삼촌은 서준이를 꼭 안고 토닥여 주었다.

"그런데 우리 서준이 왜 이렇게 늦게 왔어?"

반가운 마음이 앞서 그때까지 그대로 메고 있던 서준이의 가방을 벗겨 주며 삼촌이 물었다.

"영어 학원 갔다 왔어요."

서준이는 입술을 쭉 내밀며 말했다.

"영어 학원? 오, 우리 서준이 영어 공부 열심히 하는구나! 영어 공부 말고 또 뭘 열심히 하고 있어?"

"음…, 오늘은 점심시간에 애들이랑 축구 열심히 했고요, 방과 후에 생명과학 수업도 들었고, 또 학원 친구 재윤이 만나서 같이 게임 하다가 함께 영어 학원 갔어요."

"이야, 우리 서준이, 삼촌만큼 바쁘네."

"헤헤, 저는 하고 싶은 게 많아서…."

"대신 제대로 하는 게 하나도 없지. 전부 다 대충대충…."

삼촌과 서준이의 이야기를 옆에서 듣고 있던 누나가 얄밉게 톡 끼어들었다.

"아니거든!"

서준이가 발끈하며 뭐라고 더 말하려고 할 때였다.

"저녁 먹자! 얼른 와!"

주방에서 들려오는 엄마, 아빠의 목소리에 삼촌은 서준이와 누나의 팔을 잡고 자리에서 일어섰다.

식사를 마친 후에도 서준이는 삼촌 옆에 딱 붙어 앉아 떨어질 줄을 몰랐다.

"에구, 넌 삼촌이 그렇게 좋아?"

후식으로 과일을 내놓던 엄마가 고개를 절레절레 저었다.

"난 삼촌이 우리랑 같이 살았으면 좋겠어요. 헤헤."

"아이고, 어쩌나? 삼촌 오늘은 일찍 가 봐야 하는데…."

삼촌은 장난스러운 표정으로 서준이의 머리를 헝클어뜨렸다.

"아, 왜요? 일찍 가지 마요. 나 삼촌이랑 더 놀고 싶은데…."

서준이가 울상을 짓자 삼촌은 허허 웃으며 말했다.

"피곤해서 그래, 피곤해서…. 오늘은 일찍 가서 쉬어야 하고, 대신 주말에 우리 집에 놀러 와."

"정말요?"

삼촌은 고개를 크게 끄덕였다.

"응. 그때 그 친구… 그, 프로게이머 되고 싶다고 하는 친구 있다고 했잖아."

"재윤이요, 학원 친구…."

"그래. 재윤이랑 같이 와. 재윤이가 삼촌 보고 싶다고 했다며."

"와! 재윤이가 진짜 좋아하겠다. 토요일에 꼭 갈게요."

삼촌은 또다시 고개를 크게 끄덕이며 서준이의 머리를 쓰다듬었다.

토요일 오후, 서준이는 재윤이를 만나 삼촌 집으로 향했다.

"와, 나 지금 너무 두근거려. 전설의 안준호 님을 진짜로 만나다니! 정말 꿈같아."

재윤이는 가는 내내 호들갑을 떨며 얘기했다.

"아우, 귀에서 피날 것 같아. 삼촌 집이 가까우니 다행이지 안 그랬으면 나 너 떼어 놓고 갔을 거야."

서준이는 두 귀를 손으로 막으며 인상을 찌푸렸지만, 재윤이는 아랑곳 않고 계속 떠들어 댔다.

"오! 어서 와!"

삼촌은 현관문을 활짝 열며 서준이와 재윤이를 반겨 주었다. 조금 전까지 정신없이 떠들던 재윤이는 삼촌을 보자마자 말문을 꾹 닫은 채 눈만 껌벅거리고 있었다.

"야, 너 왜 그래? 왜 가만히 있어?"

서준이는 키득거리며 재윤이의 옆구리를 쿡 찔렀다. 재윤이는 서준이에게 바짝 붙어 떨리는 목소리로 귓속말을 했다.

"조용히 해. 나 지금 너무 떨린단 말이야."

두 손을 마주 비비며 심호흡을 하는 재윤이의 모습에 서준이는 웃음을 참을 수가 없었다.

"재윤이는 프로게이머가 되고 싶다며? 게임 좋아해?"

삼촌이 빵과 우유를 탁자에 내려놓으며 재윤이를 향해 물었다.

"아, 그, 그게요. 네, 게임을 좋아… 하는데, 흡, 후우, 막 되게 잘하는 건 아니고…."

"푸하하하! 삼촌, 얘 지금 삼촌 보고 너무 떨려서 저런대요."

서준이는 재윤이를 손가락으로 가리키며 배를 잡고 웃어 댔다.

"서준아, 너는 내가 네 삼촌이니까 잘 모르나 본데, 나 만나면 긴장하는 사람들 생각보다 많아. 재윤이는 우선 빵 좀 먹으면서 천천히 하고 싶은 이야기 하자."

"쳇, 삼촌이 유명한 건 저도 알거든요."

서준이는 입을 삐죽 내밀며 빵을 집어 들었다.

"야, 그냥 유명한 게 아니라 전설이라니까…."

재윤이가 서준이의 어깨를 툭 치며 핀잔을 주었다.

"서준이랑 재윤이는 어떻게 친해진 거야? 같은 학교도 아니라면서?"

삼촌은 서준이와 재윤이를 번갈아 바라보며 물었다.

"처음부터 친했던 건 아니고, 삼촌이 어린이날 선물로 자전거 사준 적 있잖아요. 학원에서 그거 보고 얘가 물어봐서…, 하여튼 삼촌 얘기하다가 친해진 거예요."

서준이가 재윤이를 가리키며 말했다.

"오, 둘 사이에 내가 큰 역할을 했네."

삼촌의 말에 서준이와 재윤이는 빵을 입에 문 채 서로를 바라보며 고개를 끄덕였다.

"저 궁금한 게 있는데요, 삼촌은, 아니 아니, 안준호 님은, 아니…, 아, 어떻게 불러야 하지?"

재윤이는 횡설수설하더니 이내 얼굴이 빨개졌다. 삼촌은 크게 웃으며 말했다.

"그냥 삼촌이라고 불러."

"진짜요? 진짜 그래도 돼요?"

"그럼."

"와, 내가 안준호 님을 삼촌이라고 부르다니…."

재윤이는 감격에 겨운 듯 두 손을 모았다. 서준이는 그런 재윤이를 멍하니 바라보다가 한숨을 쉬었다.

"하, 너 진짜…, 얼른 묻고 싶은 거나 물어봐."

"아, 맞다. 삼촌은 언제부터 게임을 시작하신 거예요?"

삼촌은 턱을 괴고 잠깐 생각하다가 말했다.

"취미로 시작한 것부터 치면 초등학교 2학년 때쯤?"

"우아, 저하고 똑같아요. 그럼 저도 프로게이머가 될 수 있을까요?"

"음, 네가 포기하지만 않는다면 될 수 있지."

"정말요? 저 얼마 전부터 프로게이머가 되고 싶어 하는 친구들이랑 온라인 모임도 만들어서 같이 이야기도 하고, 게임도 하고 그래요."

"그거 좋은데? 서로 도움도 되고 조언도 해줄 거 아니야."

"헤헤, 아직은 처음이라, 아이템 이야기밖에 안 해요."

삼촌과 재윤이는 한참 동안 게임에 관련된 이야기를 나누느라 정신이 없었다. 그러는 동안 서준이는 소파에서 휴대폰만 쳐다보고 있었다.

"서준아!"

삼촌의 목소리에 서준이는 깜짝 놀라 자세를 고쳐 앉았다. 그러자 삼촌이 서준이의 옆으로 성큼 다가와 앉으며 물었다.

"우리 서준이는 요즘 뭐 하고 지내? 재미있게 하는 일이 뭐야?"

"아, 저는…."

서준이는 잠깐 생각을 하다가 말을 이어 갔다.

"영어 학원이랑 수학 학원, 그리고 독서토론이랑 피아노 학원에 가고요, 방과 후 수업으로 생명과학이랑 음악 줄넘기 해요. 그런데 재미있는 건… 점심시간에 축구하는 게 제일 재미있어요."

"오, 그럼 그중에서 서준이가 가장 중요하게 생각하는 일은 뭐야?"

이번에 서준이는 좀 더 오래 생각을 하다가 말문을 열었다.

"다 중요해요."

"오호라, 전부 다 중요한 이유가 뭐야?"

"음, 삼촌처럼 좋은 대학교에 가려면 영어랑 수학을 잘해야 하니까 학원에 가는 것도 중요하고요, 책은 많이 읽을수록 좋으니까 독서토론도 중요한 것 같아요. 생명과학은 친한 친구 따라서 같이 수업을 듣는데, 별로 재미는 없지만 그냥 할만해요. 또 음악 줄넘기는 공연하는 게 멋있어 보여서 하고 싶었고, 피아노는 예전부터 배웠던 거라 제일 잘하기도 하고, 누나가 칭찬받는 걸 보면 좀 질투가 나서 나도 잘할 수 있다는 걸 보여 주고 싶어서 계속 배우고 있죠."

"이야, 정말 다양하게 많은 걸 배우고 있네. 힘들지는 않아?"

"학원 숙제 많은 날이랑 독서토론 책을 다 읽어야 하는 날이랑 음악 줄넘기 연습하는 날이랑 다 겹친 적이 있었거든요. 와, 그땐 진짜 힘들었어요."

"에이그, 우리 서준이가 생각보다 욕심이 많네. 그런데 그렇게 많은 걸 다 잘해서 나중에 어떤 사람이 되고 싶은 거야?"

서준이는 잠깐도 생각해 보지 않고 단번에 대답했다.

"기자요."

"기자? 오, 처음 듣는 이야기네. 서

준이 꿈이 기자였구나."

서준이는 고개를 크게 끄덕였다.

"그럼 기자가 되기 위해서 뭘 준비하고 있어?"

"준비요? 에이, 모르겠어요."

서준이는 고개를 가로저으며 싱긋 웃었다.

"모른다고?"

"네. 그냥 공부랑 이것저것 다 열심히 하면 되지 않을까요?"

삼촌은 고개를 갸웃거리며 얘기하는 서준이의 머리를 장난스럽게 쓰다듬었다.

"에이, 녀석, 뭐 과일이나 음료수 줄까?"

"헤헤, 음료수요."

삼촌은 냉장고에서 음료수를 꺼내 재윤이와 서준이에게 하나씩 건네주었다. 서준이와 삼촌이 얘기하는 동안 재윤이는 삼촌의 컴퓨터를 보며 '우아! 와우! 헙! 대박!' 같은 탄성만 계속 터뜨리고 있었다.

다음 주 주말에 또 놀러 오기로 약속을 하고 집으로 가는 길에도, 재윤이는 삼촌과의 꿈같은 만남에 대해 계속 떠들어 댔다.

"그만 좀 하라고!"

서준이는 괜히 투덜거렸지만, 좋아하는 재윤이의 모습을 보니 삼촌이 더 자랑스럽게 느껴져서 마음이 뿌듯해졌다.

내가 가장 좋아하는 일은 무엇일까?

우리 마음속에는 여러 가지 다양한 것들을 시도하고 싶어 하는 열정이 있어요. 그림 그리기, 축구, 코딩, 악기 연주 등등 정말 하고 싶은 것들이 많지요. 그렇기에 여러분은 '가능성'이라는 세계에서 재능 있는 탐험가입니다. 그런데 이것들 중에 가장 하고 싶은 일 하나만 골라야 한다면 정말 쉬운 일이 아닐 거예요. 무엇을 골라야 할지 도저히 모르겠다고 하는 사람들도 아마 많을 거예요.

한 가지 비밀을 알려 줄게요. 이럴 때는 우선 내가 정말 좋아하는 것이 무엇인지 곰곰이 생각해 보는 거예요. 그래야 무엇을 선택하고 무엇에 집중할지 알 수 있게 되지요. '선택과 집중'은 다른 것들을 경험할 수 있는 기회를 남겨두는 것과 같아요. 마치 여러 가지 맛의 아이스크림 중에서 일단 제일 좋아하는 맛 한 가지를 고르고 나면 언젠가는 다른 맛을 즐길 수 있는 기회가 남아 있는 것처럼 말이죠.

한 가지에 집중하면 그것에 깊이 빠져들게 돼요. 그러면 그 한 가지에 관련된 놀라운 비법이나 숨겨진 비밀을 하나하나 찾게 되고, 그러다 보면 어느새 그 분야의 전문가가 되어 있을지도 몰라요!

그러니까 이렇게 해보세요. 여러분이 시도해 봤던 모든 일들을 떠올려 보고, 그중에서 내 가슴을 조금 더 뛰고 조금 더 설레게 했던 것을 찾아보는 거예요. 그리고 자기 자신에게 이렇게 물어보세요. "이 일이 평생 내 가슴을 뛰게 만들 수 있을까?" 이 질문에 '그렇다'고 대답할 수 있다면, 바로 그 일이 여러분이 선택하고 집중해야 할 일입니다.

그리고 지금의 선택이 영원할 필요는 없어요. 여러분이 성장하고 변화하면서 관심이 생기는 일들도 달라지니까요. 하지만 지금은 무언가에 집중하는 즐거움을 누려 보세요. 선택한 한 가지에 집중하는 것이 놀라운 경험의 세계로 여러분을 이끌어 줄지도 몰라요.

▶▶ **내가 좋아하는 일들을 적어 보세요.**

▶▶ **그중에서 내가 가장 좋아하는 일 한 가지를 골라서 적어 보세요.**

난
뭘 하는 걸까?

 나 너희 집 앞. 왜 문 안 열어 줌? ㅜ.ㅜ

일요일 오전, 헤드폰을 낀 채 영상을 보고 있는데, 재윤이로부터 메시지가 왔다. 서준이는 신경질적으로 방문을 열며 소리쳤다.

"누나!"

엄마와 아빠는 출근하고 집에는 서준이와 누나 혜준이밖에 없었다. 재윤이가 오는 걸 알고 있었지만, 서준이는 거실에 누나가 있으니 당연히 문을 열어 줄 거라 생각하고 방에 들어가 있었다. 그런데 거실은 텅텅 비어 있고, 누나 방에서는 피아노 소리만 들려왔다.

"아무도 없는 줄 알았잖아. 벨을 세 번이나 눌렀는데…."

서준이는 재윤이의 중얼거리는 소리를 뒤로하고 성큼성큼 누나 방으로 걸어가 문을 벌컥 열었다.

"누나! 내 친구 왔는데 문을 안 열어 주면 어떡해!"

누나는 피아노 건반에서 손을 떼더니 고개를 돌려 서준이를 노려보았다.

"네 친구가 왔으면 네가 열어 주면 되지, 왜 나한테 난리야!"

"누나가 거실에 있었잖아!"

"지금은 아니잖아!"

"그럼 피아노 친다고 말을 하고 쳤어야지! 난 누나가 열어 줄 줄 알았단 말이야!"

둘의 목소리는 점점 높아졌다. 누나는 한숨을 한 번 쉬더니 이를 꽉 물며 말했다.

"나 지금 피아노 치는 거 안 보여? 얼른 나가라!"

"아아악!"

서준이는 소리를 꽥 지르고는 방문을 쾅 닫았다.

"야, 누나 말이 틀린 게 하나도 없는데 왜 그래?"

재윤이는 현관 앞에 어정쩡하게 선 채 당황한 표정으로 말했다.

"아, 몰라. 나 옷 갈아입고 나올 테니까 잠깐만 기다려."

서준이는 재윤이의 팔을 잡아끌어 거실 소파에 앉혔다.

"아, 진짜 강혜준 때문에 짜증 나 죽겠다니까요."

재윤이와 함께 삼촌 집에 온 서준이는 소파에 앉자마자 누나 흉을 보기 시작했다.

"또 싸웠어? 왜 그래?"

삼촌은 컴퓨터 전원을 켜며 물었다. 서준이는 집에서의 일을 이야기하며 씩씩댔다.

"아니, 피아노를 치면 친다고 말을 해줘야 할 거 아니에요? 하여튼 예술고등학교 간다고 피아노를 어찌나 쳐 대는지 진짜 시끄러워 죽겠어요."

"아니, 예술고등학교에 가려면 많이 연습해야 하는 건 당연한 건데, 그걸로 짜증을 내면 어떻게 해?"

"아, 몰라요. 나 없을 때 연습을 하든가, 진짜 짜증 나요."

서준이의 잔뜩 토라진 얼굴에 삼촌은 웃기만 했다.

"엄마랑 아빠는 출근하셨지?"

"네. 오늘 엄마랑 아빠 전부 아침 근무래요."

서준이의 엄마와 아빠는 모두 간호사였다. 간호사는 아침에 출근할 때도 있고, 오후나 저녁에 출근할 때도 있는데, 오늘은 엄마와 아빠 모두 아침에 출근했다.

"그럼 일찍 퇴근하시겠군."

"그렇죠."

서준이는 고개를 끄덕였다.

"잘됐다. 저녁은 너희 집에 가서 먹어야겠어. 너 봐줬으니까 맛있는 거 해주시겠지?"

"에이, 봐주는 건 아니죠. 제가 아기도 아니고…."

서준이는 손사래를 쳤다. 어릴 때부터 엄마와 아빠가 주말에 근무할 때면 삼촌이 와서 서준이와 누나를 돌봐 주었다. 그러면 서둘러 퇴근한 엄마가 삼촌이 좋아하는 메뉴로 저녁 식사를 차리곤 했었다.

"안준…, 아니, 삼촌! 이건 뭐예요?"

삼촌의 책장에서 뭔가를 살펴보던 재윤이가 책 한 권을 빼 들고 삼촌에게 물었다. 삼촌은 재윤이에게 다가가 책에 관해 설명해 주기 시작했다. 둘의 이야기가 길어질 것 같아 서준이는 휴대폰만 보고 있었다.

한참 동안 책장에 있는 책과 자료들에 대해 재윤이와 이야기를 나누던 삼촌은 어느새 서준이 옆으로 다가와 앉았다.

"서준아, 지자체나 정부기관에서 어린이 기자단을 뽑던데 혹시 알고 있었어?"

"아니요. 그런 게 있었어요?"

서준이는 눈이 동그래져서 물었다.

"응, 얼마 전에 검색해 보니까 있더라."

삼촌은 컴퓨터 앞에 앉더니 서준이에게 이리 오라는 손짓을 했다. 컴퓨터 화면에는 어린이 기자단을 모집하는 공고가 여러 개 띄워져 있었다.

"여기 보이지? 이건 이미 모집 기간이 지나긴 했는데 정부기관에서도 뽑고 지자체에서도 뽑고, 언론사에서도 뽑네."

삼촌의 말처럼 어린이 기자단을 뽑는 곳은 생각보다 많았다. 서준이는 화면을 한 번 쓱 훑어보고는 이내 소파로 돌아와 앉았다.

"재미있을 것 같지 않아?"

삼촌이 고개를 돌려 서준이에게 물었다.

"좀… 어려울 것 같아요."

"어렵다고? 왜?"

"거기 심사 과제나 지정 주제 기사 같은 걸 잘 써야 합격하는 거잖아요. 그런 거 한 번도 써 본 적도 없고…, 에이, 어려워요."

"그래? 흠, 난 서준이가 이런 걸 하면 참 좋겠다고 생각했는데…."

삼촌은 의자를 빙그르르 돌려 다시 컴퓨터 화면을 보았다. 잠시 후, 삼촌은 재윤이를 불러 화면을 보여 주었다.

"와! 이거 진짜예요? 와!"

재윤이는 온갖 호들갑을 떨며 소리를 질러 댔다.

"뭐야? 뭔데?"

서준이는 괜히 궁금해져서 휴대폰을 내려놓고 컴퓨터 앞으로 가 보았다. 컴퓨터에는 e스포츠 대회 화면이 띄워져 있었다.

"와! 이 대회가 드디어 여기서도 지역 예선을 하네요."

재윤이는 두 손을 모은 채 감격에 겨워했다.

"맞아. 다른 데서는 많이 했는데 여기서는 처음이지. 올해부터 지역을 넓혀서 예선을 하기로 했다고 하더라고…."

삼촌은 흐뭇한 얼굴로 재윤이를 바라보았다.

"저 무조건 이 대회 나갈 거예요. 서준이 너 이제 나랑 놀 시간 없을 거야. 나 여기 나가려면 컴퓨터 앞에서 붙어살아야 되거든."

재윤이는 비장한 얼굴로 서준이에게 말했다.

"야, 게임도 연습이 필요한 거야?"

서준이는 재윤이를 이해할 수 없다는 듯 인상을 찌푸렸다.

"어허, 무슨 소리야?"

"야! 너 무슨 소리야?"

잔뜩 높아진 삼촌과 재윤이의 목소리가 맞물려 들려왔다.

"아니, 뭘 그렇게까지…."

서준이는 입을 삐죽 내밀며 소파로 돌아와 앉았다.

"기본적으로는 기술 익히는 연습부터 열심히 해야 하고, 대회에서 성적을 내려면 전술과 전략도 연습해야 하지."

"맞아요. 연습할 게 얼마나 많은데, 서준이 쟤는 아무것도 모르나 봐요."

삼촌과 재윤이가 맞장구를 치며 서준이를 몰아세웠다.

"모르면 그럴 수도 있지."

서준이가 중얼거리자 삼촌과 재윤이가 얼굴을 마주 보며 키득키득 웃었다.

저녁때가 다 되어 서준이와 삼촌은 서준이의 집으로 향했다.

"둘이 같이 왔어?"

저녁 준비를 하던 엄마가 현관을 들어서는 서준이와 삼촌을 보며 물었다.

"오늘 종일 서준이 봐줬잖아. 나 저녁 먹으러 온 거야."

삼촌은 싱글싱글 웃으며 식탁에 앉았다.

"봐준 게 아니라 같이 논 거겠지."

"에이, 아니지, 아직 서준이는 아기니까."

"어? 제가 왜 아기예요? 이렇게 큰 아기가 어디 있어요?"

아빠와 삼촌, 서준이가 수저를 놓으며 이야기를 주고받고 있을 때,

누나가 방에서 나와 식탁에 앉았다. 순식간에 서준이와 누나 사이에 싸늘한 냉기가 돌았다.

"혜준아, 피아노 연습 많이 했어?"

분위기를 누그러뜨리려고 삼촌이 먼저 말을 꺼냈다.

"중간에 애가 쳐들어온 것만 빼면 잘했어요."

"내가 언제 쳐들어갔냐? 누나가 말도 없이…."

서준이가 발끈해서 목소리를 높이려 할 때였다.

"얘들아, 밥 먹을 땐 맛있게 밥만 먹자. 싸우려면 다 먹고 싸워."

아빠가 수저를 들며 엄포를 놓았다. 서준이와 누나는 서로를 한 번 노려본 뒤 수저를 들고 밥을 먹기 시작했다.

식사를 마친 후, 삼촌까지 포함한 모든 가족이 거실에 모여 앉았다.

"둘이 왜 싸운 거야? 혜준이부터 먼저 얘기해 봐."

아빠의 말에 누나는 오전에 있었던 일을 차근차근 이야기했다. 혜누나의 이야기가 끝난 뒤에는 서준이도 자신의 입장에서 이야기를 털어놓았다.

"혜준아, 서준이가 왜 짜증이 났는지 이해할 수 있겠어?"

"왜 그런지는 알겠어요. 그렇지만 일요일에는 학원에 갈 수도 없고, 저녁에는 시끄러울까 봐 연습을 못 하니까 연습할 시간은 그때밖에 없었단 말이에요."

누나가 못내 억울해하자 삼촌이 고개를 끄덕이며 말했다.

"좋아. 그러면 앞으로 연습을 하게 되면 미리 방문에 이렇게 써서 붙여 놓는 게 어때? '지금은 연습 중입니다. 방해하지 마세요.'라고…. 그리고 서준이한테도 연습해야 한다고 얘기 좀 해줘라. 그게 뭐 어렵니?"

"오, 그거 좋네."

"그래, 앞으로는 그렇게 하자."

엄마와 아빠가 삼촌의 말에 맞장구를 쳤다. 누나도 고개를 끄덕였다.

"서준이는 누나가 왜 그랬는지 이해하겠어?"

이번에는 엄마가 서준이를 보며 물었다.

"아, 몰라요. 저한테 엄청 짜증 내고 소리 질렀단 말이에요. 내 친구도 있었는데….”

서준이는 누나를 노려보며 씩씩거렸다.

“서준아, 누나가 피아노를 전공하기로 마음먹은 게 다른 친구들보다 조금 늦었다는 건 너도 알고 있지?”

엄마의 말에 서준이는 고개를 끄덕였다. 엄마 말처럼 누나는 초등학교 4학년 때부터 본격적으로 피아노를 치기 시작했다. 더 어릴 때부터 시작했던 다른 친구들보다 조금 늦었던 탓인지 목표로 했던 예술중학교에 떨어졌고, 그 후로 누나는 더 맹렬하게 피아노에 매달리고 있었다.

“그렇지만 지금은 먼저 시작했던 친구들보다 실력도 더 좋아졌고, 콩쿠르에서 큰 상도 여러 번 탔잖아. 누나가 어떻게 그렇게 할 수 있었다고 생각해?”

답은 분명했다. 누나가 연습을 많이 했으니까…. 그렇지만 그렇게 얘기하면 왠지 지는 것 같아서 서준이는 입을 꾹 다물고 있었다.

“누나는 예술고등학교에 가겠다는 목표가 있잖아. 그러려면 더 연습에 몰두해야 하지 않겠어? 서준이가 누나를 좀 이해해 줬으면 좋겠는데….”

엄마와 아빠, 삼촌이 모두 서준이만 바라보고 있었다.

“하아, 알았어요.”

서준이는 힘없이 대답했다. 누나와 다투었던 걸 생각하면 아직도 마음은 부글부글 끓었지만 딱히 반박할 말도 없었다.

삼촌이 집으로 돌아가고 난 뒤 서준이는 방으로 들어와 침대에 풀썩 누웠다. 시간이 한참 지났는데도 혼자 가만히 있으니 자꾸만 아까의 일이 떠올랐다.

'쳇, 자기만 피아노 치나? 아주 혼자만 대단한 일 한다니까! 누구는 뭐 아무것도 안 하나? 나도….'

그때였다. 꼬리에 꼬리를 물고 이어지던 생각이 멈추더니, 예상치 못했던 질문 하나가 떠올랐다.

'난 뭘 하고 있지?'

서준이는 한참 동안 멍하니 천장만 바라보았다. 그러다 이내 고개를 휘휘 저었다.

'아, 몰라, 몰라. 내가 하는 게 왜 없어. 엄청 많은데…. 에이, 잠이나 자야겠다.'

서준이는 이불을 끌어 올리고 눈을 꼭 감았다.

생각해 보기 02

한 가지 일에 완전히 집중하기

무언가 한 가지 일에 완전히 집중하는 경험은 정말 특별합니다. 왜냐하면 그 시간 동안에는 마치 세상의 모든 소리와 나를 간섭하는 일들이 사라진 것처럼 느낄 정도로 완전한 몰입을 경험할 수 있기 때문이죠. 이것은 매우 의미 있는 일이며, 여러분이 진정한 자신을 발견하고 성장하는 데 큰 도움이 된답니다.

완전한 집중은 다음과 같은 이유로 중요합니다. ==첫째, 어떤 일을 할 때 완전히 집중하면 그 일에 흥미와 즐거움을 느낄 수 있어요.== 또한, 그 일이 조금 어려워도 해내는 과정에서 큰 성취감을 느낄 수 있지요. ==둘째, 어떤 일에 집중하면 그 일에 능숙해지고 자연스럽게 자신감도 향상돼요.== 마지막으로, ==한 가지에 집중함으로써 여러분은 그 분야에서 전문가로 성장할 수 있습니다.==

어떻게 하면 내가 완전히 집중할 일을 찾을 수 있을까요? 먼저, 일상에서 내가 무엇을 할 때 특별한 감정을 느끼는지 생각해 보세요. 마음 깊은 곳에서부터 행복함을 느끼게 하는 일이 있나요? 어떤 일을 할 때 시간이 빠르게 지나간 것처럼 느끼나요? 그런 일이 있다면 그것이 바로 여러분이 집중해야 할 분야예요.

내가 완전히 집중할 일을 찾았다면 이제 그 분야에 대해서 조금 더 탐구해 보세요. 책이나 인터넷에서 관련 정보를 찾아보고, 관련된 활동도 직접 체험해 보는 거예요. 그러다 보면 여러분이 진정으로 열정을 쏟고 흥미를 느끼는 것이 무엇인지 더욱 명확해질 거예요. 이렇게 내가 완전히 집중하는 분야에 더 많은 시간과 노력을 쏟고, 그 과정에서 여러 가지 어려움을 극복해 나가면서 여러분은 조금씩 성장하고 발전할 수 있게 된답니다.

▶▶ **나는 무엇을 할 때 완전히 집중하는지 적어 보세요.**

어떤 사람이 되고 싶어?

"다녀왔습니…, 어?"

영어 학원을 마치고 집으로 돌아온 서준이가 현관에서 신발을 벗으려다 멈추었다. 현관에는 낯익은 삼촌의 운동화가 놓여 있었다.

"'다녀왔습니…, 어'는 무슨 인사야?"

저녁 식사를 준비하던 아빠가 허둥지둥 들어오는 서준이를 향해 웃으며 말했다.

"아빠, 삼촌 오셨어요?"

집이 떠나갈 듯 소리치는 서준이에게 아빠는 조용히 하라는 듯 손가락을 입에 댔다.

"지금 누나랑 얘기 중이야. 좀 기다려."

서준이는 방에 가방을 가져다 놓고, 손도 씻고, 텔레비전도 보다가 아빠를 도와 반찬과 수저를 식탁에 놓았다. 그러는 동안 서준이의 모든 신경은 누나 방으로 향해 있었다. 하지만 삼촌과 누나가 소곤소곤하는 소리만 들릴 뿐 어떤 이야기를 하는지는 알 수가 없었다.

"밥 먹자!"

아빠의 목소리에 그제야 누나의 방문이 열렸다.

"삼촌, 무슨 얘기 한 거예요?"

서준이는 삼촌에게 쪼르르 달려가 물었다.

"넌 얘기해 줘도 몰라."

누나가 입을 삐죽이며 약을 올렸다.

"누나!"

서준이가 누나에게 소리를 빽 질렀다.

"어허, 또 시작이야?"

삼촌이 서준이와 누나를 번갈아 쳐다보았다.

"밥 먹고 나면 서준이랑 놀아 줄 테니까, 일단 밥부터 먹자."

삼촌의 말에 서준이는 조용히 수저를 들었다.

식사를 마친 후, 삼촌은 서준이를 향해 눈을 찡긋거리며 말했다.

"서준아, 우리 아이스크림 먹으러 갈까?"

"와! 네!"

삼촌과 서준이는 근처 아이스크림 가게에서 좋아하는 아이스크림

을 하나씩 사서 놀이터로 향했다. 서준이는 아이스크림을 먹으며 학교와 학원에서 있었던 일을 신나게 늘어놓았다.

"우리 서준이는 진짜 다재다능한 것 같아. 삼촌이 네 나이였다면 너처럼 부지런하게 많은 일을 하지 못했을 거거든."

"에이, 그래도 삼촌은 공부도 잘하고 게임도 잘했잖아요."

"내가 공부를 잘했다고? 누가 그래?"

"엄마랑 아빠가요. 삼촌은 공부를 잘해서 좋은 대학교 졸업한 거라고 그러시던데요?"

"아, 하하하!"

삼촌은 크게 웃음을 터뜨렸다.

"으응? 왜 그래요?"

"아, 아니야."

삼촌은 손사래를 쳤다.

"자, 이제 일어나자. 나도 집에 가야겠어."

삼촌은 서준이의 손을 잡고 벤치에서 일어섰다.

"삼촌, 재윤이랑 토요일에 놀러 가도 돼요?"

"그럼. 와도 되지."

"헤헤, 맛있는 것도 사주세요."

삼촌은 알았다며 서준이의 머리를 장난스럽게 헝클어뜨렸다.

"아, 그런데 서준아."

서준이를 아파트 1층 입구까지 데려다주던 삼촌이 갑자기 걸음을 멈추며 말했다.

"나 공부 잘해서 좋은 대학교 간 거 아니야."

"네?"

서준이는 깜짝 놀라 눈을 동그랗게 떴다.

"그럼 어떻게 간 거예요?"

"하하하, 그건 토요일에 만나면 얘기해 줄게. 그럼 난 간다!"

삼촌은 손을 흔들더니 뒤돌아서 걸어갔다.

토요일이 되었다. 서준이는 누나의 피아노 소리를 뒤로한 채 현관문을 나섰다. 엘리베이터를 타고 내려오니 1층에서 재윤이가 기다리고 있었다.

"빨리 가자. 내가 진짜 며칠 동안 궁금해 죽을 것 같았단 말이야."

재윤이는 뭔지 알겠다는 듯 고개를 끄덕였다.

"아, 그건 나도 진짜 궁금해. 공부를 잘하지도 않았는데 어떻게 좋은 대학교에 가신 거지?"

삼촌 집에 도착한 서준이와 재윤이는 인사도 생략하고 삼촌을 조르기 시작했다.

"삼촌, 얼른 대학교 얘기 해주세요, 네?"

"진짜 너무 궁금해요."

"아이고, 그게 그렇게 궁금했어?"

삼촌은 크게 웃었다.

"일단 들어와서 앉아. 서서 이야기할 순 없잖아."

서준이와 재윤이는 득달같이 소파로 가서 얌전하게 앉았다.

"이 녀석들 눈동자 반짝이는 것 좀 봐."

삼촌은 서준이와 재윤이를 한 번씩 쳐다보고는 컴퓨터 의자를 끌어와 아이들 앞에 마주 앉았다.

"음, 전에도 얘기했었는데 난 어릴 때부터 게임을 좋아했어. 밥 먹고, 잠자는 시간을 빼고는 온종일 게임 생각만 할 정도였지. 그러니 어른들이 어떻게 생각했겠니?"

"걱정하셨겠죠. 저희 엄마, 아빠도 그러시거든요."

재윤이가 한숨을 쉬며 말했다.

"맞아. 그때 가장 많이 들었던 얘기가 '그렇게 게임만 해서 나중에 어떻게 되려고 그러냐?', '훌륭한 사람이 되려면 게임은 이제 그만해야 돼.' 이런 것들이었어. 뭐, 그땐 다 잔소리로만 들리고 별로 귀에 들어오지도 않더라. 그런데 중학생 때 누나, 그러니까 서준이 엄마가 '넌 나중에 어떤 사람이 되고 싶어?'라고 물어보는 거야. 이 말이 사실은 '나중에 어떻게 되려고 그러냐?'랑 뜻은 같거든."

"그렇죠."

서준이와 재윤이는 웃으며 고개를 끄덕였다.

"그런데 그 질문을 받고 나니까 갑자기 정말 내가 어떤 사람이 되고 싶은지 생각해 보게 되는 거야. 내가 가장 좋아하는 것, 가장 잘하는 건 분명 게임인데, 내가 이 게임으로 뭔가를 이루어 낼 수 있을까? 뭐, 그런 고민이 생긴 거지."

서준이와 재윤이는 빨려 들어가듯 삼촌의 이야기에 몰입했다.

"그때부터는 그냥 게임으로 시간만 보내는 게 아니라 뭔가 성과를 얻어 보기로 결심했어. 그래서 무작정 게임 대회에 참가신청을 해봤지. 그렇지만 첫 대회에서는 아주 처참하게 탈락했어."

"아아…."

재윤이가 안타까운 듯 탄식했다.

"그때 뭔가 오기가 생기더라. '날 떨어뜨려? 내가 꼭 해내고야 만다.' 뭐, 그런 생각? 그래서 그때부터 프로게이머들의 게임을 찾아보며 분석하고, 내 문제점이 뭔지 찾아내기 위해 노력했어. 정말이지 그때 깨달은 것들이 너무 많았어. 내가 잘하고 있다고 생각했던 것들 대부분이 잘못된 거였더라고. 정말 큰 충격이었지."

삼촌은 옛날 일이 떠오른 듯 한숨을 내쉬었다.

"그래서 마치 오답 노트를 작성하듯이 내 문제점들을 정리하기 시작했어. 너희들은 오답 노트를 작성할 때 뭘 중요하게 생각해?"

"음, 다음에는 어떤 걸 더 공부해야 할지 생각하죠."

"혹시 실수한 게 있으면 다음에는 같은 실수는 안 해야겠다고 생각해요."

서준이와 재윤이가 한마디씩 하자 삼촌은 고개를 끄덕였다.

"맞아. 그래서 난 그때부터 계획을 세우기 시작했어. 하루에 두세 시간씩 시간을 정해서 내 문제점도 고치고, 다음을 위해 더 중점적으로 연습하기로…. 그 결과….”

"어떻게 됐어요?"

"다음 대회에서는 3등을 했어."

"와!"

서준이와 재윤이가 동시에 소리를 질렀다.

"뭐, 그 뒤로는 우승도 하고, 준우승도 하고, 그러다 그때 알게 된 대학생 형, 누나들과 함께 게임 프로그램도 만들었어. 지금 생각해 보면 아주 단순한 프로그램이었는데, 그게 생각보다 사람들한테 인기가 좋아졌지 뭐야? 덕분에 게임 업계에서 이름을 좀 알리게 되었지."

"진짜 대단하세요."

재윤이가 엄지손가락을 치켜들었다.

"자, 그럼 이제 정말 중요한 이야기가 남았어. 중고등학교 때 이렇게 열심히 게임을 했던 나는 과연 공부도 열심히 했을까?"

삼촌의 질문에 서준이와 재윤이는 웃으며 고개를 저었다.

"아니요!"

삼촌은 인상을 찌푸렸다.

"아, 그렇게 쉽게 대답하다니 좀 서운하다."

서준이와 재윤이는 큰 소리로 웃었다.

"사실 공부를 아주 안 했던 건 아니었어. 다만 게임만큼 열심히 하지는 않았던 거지. 어쨌든, 막상 고등학교 3학년이 되어 입시를 앞두고 보니 내가 원하는 대학교에 갈 수 있는 성적에는 못 미치더라고…."

"그래서 어떻게 됐어요?"

서준이는 삼촌 앞으로 얼굴을 바짝 들이밀며 물었다.

"어느 날 담임선생님하고 상담을 하게 됐어. 그때 난 우리 담임선생님께 정말 감동했어."

"왜요?"

"내가 게임을 얼마나 열심히 하는지, 얼마나 좋아하는지 인정해 주셨거든."

"우아, 멋지다."

재윤이가 두 손을 모으며 감동한 듯 말했다.

"선생님은 교장선생님의 추천서를 받아 보자고 하셨어. 대학교에 가려면 여러 방법이 있는데 그중 하나가 학교장 추천 전형이거든. 나는 선생님과 함께 지금껏 내가 게임을 하면서 어떤 성과를 이루었는지, 어떤 프로그램을 만들었고, 그 프로그램이 어떤 반응을 얻었는지 한눈에 볼 수 있는 자료를 만들었어. 그리고 그걸 보신 교장 선생님은 추천서를 써 주겠다고 하셨지. 그렇게 해서 난 내 바람보다 더 좋은 대학교에 입학할 수 있게 되었던 거야."

"와아!"

삼촌의 이야기에 잔뜩 몰입했던 아이들이 환호성을 질렀다.

"너희가 궁금해했던 이야기는 여기까지야. 어때? 이제 좀 속이 시원해?"

서준이와 재윤이는 고개를 끄덕였다.

"자, 그럼 이번에는 내가 질문을 하나 할게. 지금까지 내가 한 이야기를 듣고 어떤 생각이 들었어?"

갑작스러운 질문에 당황한 서준이는 어색한 표정을 지으며 천천히 말했다.

"네? 아, 음…, 게임 잘하면 대학교에 갈 수 있다?"

"아이고, 이 녀석아!"

삼촌은 웃으며 두 손으로 서준이의 양 볼을 꾹 눌렀다. 그러고는 재윤이를 보며 똑같이 물었다.

"자, 그럼 재윤이는 어떤 생각을 했어?"

"저는요, 어떤 일이든 열심히 하면 기회가 찾아온다는 생각을 했어요. 솔직히…, 그냥 놀기 위해서 몇 시간 동안 게임 하는 건 어렵지 않지만, 실력을 키우려고 공부하듯 꾸준히 몇 시간씩 게임을 하는 건 정말 어려울 것 같거든요. 근데 진짜 대단하세요."

재윤이는 다시 한번 엄지손가락을 치켜들었다. 재윤이의 말에 삼촌은 고개를 끄덕였다.

"역시 우리 사이에는 게임이 있어 잘 통하는 것 같아. 그 어려움을 이해하다니…. 삼촌이 해주고 싶은 말은…, 너희도 너희가 열정을 가지고 할 수 있는 단 하나의 일을 찾았으면 좋겠다는 거야. '이거 하나만 제대로 해낸다면 난 정말 행복할 거야.'라고 생각할 수 있는 단 하나의 일…."

"저는요, 게임 실력이 좋아지고, 삼촌처럼 게임으로 이름을 알리게 되면 정말 행복할 것 같아요."

재윤이는 차분한 목소리로 진지하게 말했다.

"그래. 재윤이는 이제 그 단 하나의 일을 성공으로 이끌 수 있는 방법을 좀 더 고민하면 될 것 같아. 물론, 쉽지는 않겠지만, 너에게는 좋은 멘토가 있잖니? 바로 나."

삼촌이 이렇게 말하자 재윤이는 마음이 벅찬 듯 두 손을 모아 쥐었다.

"아, 저는 이제 뭐든 할 수 있을 것 같아요. 안준호 님이 내 멘토라니…."

"아, 진짜 이 분위기 뭐야?"

서준이는 입을 삐죽 내밀었다.

"그럼 서준이에겐 그 단 하나의 일이 뭘까?"

"저는 잘 모르겠어요."

"너 기자 되고 싶다고 했잖아."

재윤이가 고개를 돌려 서준이에게 말했다.

"그렇긴 한데, 기자는 게임처럼 딱 하나만 열심히 한다고 해서 될 수 있는 게 아니잖아."

서준이의 말에 삼촌이 손사래를 쳤다.

"아니, 어떤 일이든 그 일을 성공으로 이끄는 단 하나는 분명히 있어. 음, 예를 들면 너희 엄마 같은 경우인데…."

"엄마요? 엄마는 간호사잖아요."

"맞아. 너도 알겠지만 누나는 특성화고등학교를 졸업하고 일찍 일을 시작했어. 그런데 일을 하면서 새로운 꿈이 생겼지."

"아, 얘기 들었어요."

"그러다 보니 남들보다 좀 늦게 대학교를 졸업해서 간호사가 되었는데, 거기에서 그치지 않고 대학원까지 간 후에 감염관리 전문 간호사가 되었어."

"어? 엄마 지금도 대학원 다니시는데?"

"왜 다니시는지 여쭤본 적 있어?"

"네. 나중에 교수가 되고 싶다고 그러셨어요."

"그렇지. 자, 그런 엄마를 보면 어떤 생각이 들어?"

"음, 간호 공부를 엄청 좋아하신다?"

서준이는 고개를 갸웃거리며 말했다.

"그냥 쉽게 생각하면 대학교를 졸업하고, 시험에 합격하고, 병원에 취직하면 간호사가 된다고 생각할 수 있어."

서준이와 재윤이는 고개를 끄덕였다.

"그렇지만 누나는 그 안에서도 자신이 꼭 이루고 싶은 단 하나의 일을 찾아내고 성공하기 위해 지금까지 노력하고 있거든. 대학원에서 학위를 받고, 전문 간호사가 되고…, 그 과정을 하나씩 넘으면서 누나는 정말 행복해했어."

삼촌은 서준이에게 성큼 다가오며 말을 이었다.

"자, 그럼 이제 서준이 이야기를 해보자. 서준이는 기자가 되고 싶다고 했어. 그럼 기자가 되는 데 꼭 필요한 단 하나의 일은 무엇일까?"

"공부를 열심히 해야 하지 않을까요? 기자가 되려면 좋은 대학교에 가야 하잖아요."

"맞아. 그렇지만 공부를 하면서도 그냥 하는 게 아니라, 너의 단 하나를 찾는다는 생각을 하면 좀 더 신나지 않겠어?"

"그럴 것 같은데요…, 저기 혹시 삼촌, 지난번에 누나 방에서 누나랑 얘기한 게 이런 거였어요?"

"맞아. 혜준이는 피아니스트가 되겠다는 꿈이 생겼을 때부터 나하고 그 단 하나에 대한 이야기를 꾸준히 해왔어. 그날도 마찬가지였지."

"하아, 강혜준이 매일 풍땅거리면서 온 집안을 시끄럽게 만드는 게 다 삼촌 때문이었네요."

서준이는 지긋지긋하다는 듯 고개를 저었다. 삼촌은 팔을 쭉 뻗어 서준이의 머리를 헝클어뜨리며 말했다.

"그러니까 누나 연습 방해하지 마. 지금 누나는 다른 모든 걸 제쳐 두고 단 하나의 일을 이루어 내기 위해 아주 힘들게 노력하는 중이니까…."

서준이는 삼촌을 향해 입을 삐죽 내밀어 보였다.

서준이와 재윤이는 햄버거와 떡볶이를 배부르게 먹고 한참을 더 놀면서 삼촌과 이야기를 한 뒤에야 집으로 향했다.

"다녀왔습니다!"

집에 와 보니 엄마와 누나가 텔레비전을 보고 있었다.

"어? 누나 왜 피아노 안 쳐? 토요일에는 학원도 안 가잖아."

"난 뭐 하루 종일 피아노만 치냐? 쉬는 시간도 있어야지."

누나가 과자 봉지를 든 채로 서준이를 흘겨보았다.

"아, 맞다. 누나 왜 삼촌하고 그 얘기 한 거 나한테 말 안 해줬어? 단 하나, 그거…."

누나는 어이가 없다는 듯 인상을 찌푸렸다.

"물어본 적 없잖아."

서준이는 할 말이 없어져서 터벅터벅 방으로 들어갔다.

잠시 후, 엄마가 조심스럽게 서준이의 방문을 열고 들어왔다.

"서준아, 서운했어? 누나가 얘기 안 해줘서?"

"아니요. 오늘 삼촌한테 얘기 들었는데요, 뭐. 그냥 저는 제가 삼촌이랑 엄청 친하다고 생각했는데, 저 빼고 둘이서만 속닥속닥 얘기하는 것 같아서 좀… 그랬어요."

"무슨 기분인지 알겠어. 그런데 사실 삼촌은 누나보다 너한테 더 얘기를 많이 해주고 싶어 했어."

"정말요?"

"그럼. 삼촌은 네가 하고 있는 게 너무 많아서 늘 마음이 바쁜 것 같다고 생각했거든. 네가 정말 하고 싶은 단 하나의 일을 찾게 도와주고 싶어 했었어."

"아, 그랬구나."

"그러니까 삼촌한테 더 많이 물어보고 도움도 받고 그래. 삼촌도 좋아할 거야."

"네. 그럴게요."

서준이는 생글생글 웃으며 고개를 끄덕였다.

생각해 보기 03

나의 꿈을 찾는 4단계

미래의 꿈과 희망을 찾는 것은 흥미로운 여행과 같아요. 다음 단계를 따라가면서 자신의 꿈을 찾아가 보세요.

1단계: 호기심 따라가기

내가 어떤 주제에 관심이 있는지, 어떤 활동을 하면서 행복을 느끼는지 적어 보세요. 이렇게 함으로써 나의 미래의 가능성을 탐색할 수 있어요.

2단계: 새로운 것 시도하기

다양한 활동을 시도해 보세요. 미술, 음악, 스포츠, 과학 등 다양한 분야를 체험해 보면서 어떤 것이 가장 나의 흥미를 끄는지 확인해 보세요. 이렇게 하면 자신의 강점과 취향을 발견할 수 있답니다.

3단계: 사람들과 이야기 나누기

가족, 친구, 선생님 등 주변 사람들과 내 꿈에 대해 이야기해 보세요. 다른 사람의 조언이나 의견도 내 꿈을 찾는 데 큰 도움이 되고 다른 사람들을 통해 다양한 직업을 간접 체험함으로써 새로운 영감을 얻을 수도 있답니다.

4단계: 좋아하는 것 해보기

자신이 좋아하고 잘하는 것을 찾은 다음 그 분야에 시간을 투자하세요. 스스로 더욱 발전하고 자신감도 키울 수 있습니다.

꿈을 찾는 과정은 쉽지 않을 수 있습니다. 하지만 포기하지 말고 자신을 믿고 계속 노력해 보세요. 실패와 어려움을 극복하면서 더 단단해질 거예요. 그리고 조급해하지 마세요. 시간을 갖고 차근차근 꿈을 찾아 나아가세요.

▶▶ **나의 장래 희망은 무엇인가요? 그러한 장래 희망을 갖게 된 이유는 무엇인가요? 장래 희망을 찾는 과정에서 어떤 일을 했나요?**

장래 희망	(예) 피아니스트
이유	(예) 피아노 치는 것이 매우 즐겁고, 음악으로 사람들에게 감동을 주고 싶다.
장래 희망을 찾기 위해 한 일	(예) 부모님, 선생님과 이야기를 나눴다.

찾았다.
지금 할 일!

ℓℓℓℓℓ

"서준아, 조심해서 잘 가지고 가. 삼촌한테 꼭 냉장고에 바로 넣으라고 말하고…."

"네, 다녀오겠습니다."

서준이는 양손에 반찬통이 가득 든 쇼핑 가방을 하나씩 들고 엄마의 당부를 들으며 집을 나섰다.

"하이, 서준!"

1층 현관문 밖에서 재윤이가 손을 흔들며 기다리고 있었다. 서준이와 재윤이는 쇼핑 가방을 하나씩 나누어 들고 삼촌 집으로 향했다.

"어서 와."

삼촌은 수염도 깎지 않은 채 핼쑥한 얼굴로 문을 열어 주었다.

"삼촌, 어디 아프세요?"

"아, 아니야. 며칠 동안 논문 쓰느라 좀 바빠서…."

서준이와 재윤이는 식탁 위에 쇼핑 가방을 내려놓았다.

"아이고, 들고 오느라 고생했어. 무거웠을 텐데…."

"그거 바로 냉장고에 넣으라고 하시던데요?"

서준이의 말에 삼촌은 반찬통을 넣기 위해 냉장고 문을 열었다.

"그런데요, 삼촌…, 강혜준은 단 하나를 찾아서 매일 피아노를 뚱땅거리고 있잖아요?"

"그렇지."

삼촌은 반찬통을 하나씩 냉장고에 넣으며 고개를 끄덕였다.

"그렇지만 제가 볼 땐 연주회나 동영상에서 본 피아니스트들에 비하면 실력이 말도 안 되게 엉망진창이란 말이에요."

삼촌은 고개를 갸웃거리다가 말했다.

"흠…, 하여튼, 그게 왜?"

"자기 말로도 재능이 별로 없어서 연습을 많이 해야 한다고 그러는데, 그렇게 재능이 없어도 단 하나에만 집중하면 피아니스트가 될 수 있을까요?"

"푸하하하!"

삼촌은 반찬통을 손에 든 채로 크게 웃었다.

"서준아, 잠깐만 기다려 봐."

삼촌은 반찬통을 모두 냉장고에 넣은 뒤 창문으로 가서 커튼을 모두 달았다. 온 집안이 순식간에 깜깜해지는가 싶더니, 삼촌이 리모컨을 조작해서 천장에 달려 있던 스크린을 내렸다.

"우아!"

서준이와 재윤이는 입을 떡 벌리고 스크린을 바라보았다.

"다들 앉아 봐."

삼촌이 컴퓨터를 켜고 몇 번 조작하자 스크린에 사진 하나가 띄워졌다. 한 아저씨가 크기가 각각 다른 도미노 앞에 있는 사진이었다.

"저건…, 도미노 아니에요?"

서준이가 고개를 갸웃거리며 물었다.

"맞아. 도미노지. 그런데 다른 도미노랑은 좀 다르지 않아?"

서준이와 재윤이는 한참 동안 화면을 뚫어지게 보았다. 그러다 재윤이가 자신 없는 듯 작은 소리로 말했다.

"도미노 크기가 좀 다른가? 보통은 도미노들이 다 크기가 똑같잖아요. 그런데 저건 앞의 도미노는 엄청 작고 뒤의 도미노는 엄청 큰 것 같은데요?"

"응? 겨우 그거라고?"

서준이는 여전히 의아한 표정이었다.

"겨우라니? 이게 얼마나 큰 차이점인데…. 재윤아, 네 말이 맞아."

"와아! 내가 맞았어!"

재윤이는 잔뜩 흥분한 표정으로 서준이를 바라보았다.

"자, 그럼 이제부터 이 도미노에 대해서 얘기해 보자. 재윤이 말처럼 맨 앞의 도미노는 아주 작아. 그리고 두 번째 도미노는 앞의 도미노보다 딱 1.5배가 더 크지. 그럼 우리 앞의 도미노 두 개만 생각해 보자. 자신보다 1.5배가 큰 도미노를 쓰러뜨리는 게 어려울까?"

삼촌은 앞의 도미노 두 개를 묶어 가리켰다.

"아니요. 금방 쓰러질 것 같은데요?"

서준이와 재윤이가 고개를 가로저으며 대답했다.

"여기 세워진 모든 도미노는 앞의 도미노보다 1.5배씩 더 크게 만들어져 있어. 이번에는 이 도미노를 쓰러뜨리는 걸 보여 줄게."

삼촌은 컴퓨터를 조작하더니 짧은 동영상 하나를 보여 주었다. 삼촌의 말처럼 서로 크기가 다른 도미노가 쓰러지는 영상이었다. 맨 앞의 작은 도미노를 툭 밀자 도미노들은 줄을 지어 쓰러졌고, 맨 마지막 도미노가 쓰러질 땐 엄청나게 큰소리가 났다.

"우아!"

서준이와 재윤이의 입에서는 탄성이 터져 나왔다.

"지금은 도미노가 아홉 개뿐이지만, 1.5배씩 크기를 키워서 계속 도미노를 세우면 서른한 번째 도미노는 에베레스트산보다 높아진다

고 해."

"우아아아!"

아이들은 벌린 입을 다물지 못했다.

"자, 내가 이 영상을 너희에게 보여 주는 이유가 뭘까?"

서준이와 재윤이는 서로의 얼굴을 멀뚱멀뚱 마주 보기만 할 뿐 아무 대답도 하지 못했다.

삼촌은 다시 일렬로 세워져 있는 도미노 사진을 스크린에 띄웠다. 그러고는 아주 작은 맨 앞의 도미노를 가리켰다.

"이 도미노는 5센티미터짜리야. 한 손으로도 잡힐 만큼 작은 크기지. 그렇기 때문에 우리는 아무도 이 작은 도미노가 저 뒤의 거대한 도미노를 쓰러뜨릴 거라고 생각하지 못해."

"맞아요."

"나는 사람의 재능이라는 건 이 맨 앞의 도미노보다도 더 작은 거라고 생각해. 아무리 재능이 뛰어나도 이 도미노를 찾지 못하면 뒤의 도미노도 세울 수가 없거든. 그러니까 이 맨 앞의 도미노가 전에 말했던 '단 하나'가 되는 거지."

서준이와 재윤이가 화면을 뚫어져라 바라보는 동안 삼촌은 말을 이어 갔다.

"도미노의 크기를 키우는 건 재능이 아니라 1.5배씩 커지는 노력과 열정이야. 딱 1.5배씩 노력과 열정을 키워 가면 나중에는 분명 큰 목표를 이루어 낼 수 있다는 거지. 그러니까 한 사람이 큰 목표를 이루는 데는 엄청나게 큰 재능과 큰 힘이 필요한 게 아니라 단 하나의 일을 꾸준히 키워 갈 힘이 필요한 거야."

"아⋯."

재윤이가 크게 고개를 끄덕이며 화면에 집중하고 있을 때, 서준이가 갑자기 손을 번쩍 들었다.

"아니, 뭐 손까지 들고⋯ 하여튼, 서준이는 뭐 할 말이 있어?"

삼촌은 머쓱해하며 서준이를 바라보았다.

"삼촌, 재윤이나 강혜준처럼 단 하나의 일이 확실하면 삼촌 말씀처럼 1.5배씩 그 일을 열심히 하면 되지만, 저처럼 당장 뭘 해야 할지 확실하지 않으면 어떡해요?"

"찾아야지. 그 단 하나를⋯."

삼촌은 한마디, 한마디에 힘을 주며 말했다. 그러더니 컴퓨터 앞으로 가서 뭔가를 찾아 화면에 띄웠다.

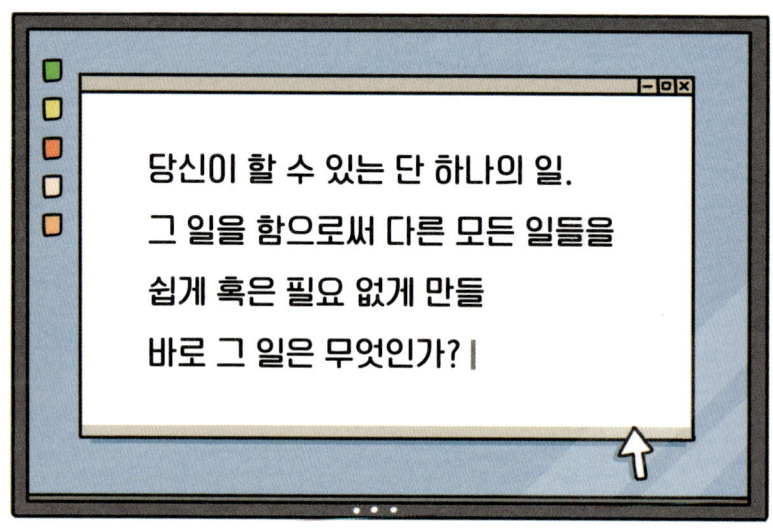

하얀 바탕에 검은색 큰 글자들만 가득 차 있었다.

"이건 '초점탐색 질문'이라고 해. 이런 질문을 받게 되면 어떻게 해야 할 것 같아?"

서준이와 재윤이는 한참 동안 생각하느라 아무 말도 하지 못했다. 삼촌은 그런 아이들을 보며 흐뭇한 미소만 짓고 있었다.

"아, 쉬운 것 같은데 또 엄청 어려워요."

서준이가 두 손으로 양 볼을 찌그러뜨리며 말했다.

"어떤 부분이 어려워?"

"저기, 두 번째 줄에 '다른 모든 일들을 쉽게 혹은 필요 없게 만들', 이 부분이요."

삼촌은 다시 한번 화면을 쳐다보고 나서 말했다.

"자, 이런 거야. 아주 커다란 바윗돌이 있어. 우린 그걸 들어 올려서 다른 곳으로 옮겨야 해. 그런데 기계나 자동차는 이용할 수가 없어. 너희라면 어떤 방법을 쓸 것 같아?"

서준이와 재윤이는 한참을 골똘히 생각했다. 그러다 재윤이가 자신 없는 목소리로 말했다.

"혼자서 도저히 안 되면 친구들을 불러와서 함께 들어야 할 것 같아요."

"발로 밀어 보고, 굴려 보고, 몸으로 밀어 보고…, 아, 그런데 안 될 것 같아요. 엄청 큰 바위라면서요. 저는 포기할래요."

서준이는 몸을 벌렁 뒤로 눕혔다.

"에이, 포기하면 안 되지. 하여튼, 이 질문을 한 이유는 바로 아르키메데스의 말 때문이야. 너희들 아르키메데스는 알지?"

"네, 그 '유레카' 외쳤던…."

재윤이의 말에 서준이도 고개를 끄덕였다.

"맞아. 그 과학자는 이런 말을 했어. '나에게 충분히 긴 지렛대

를 준다면 지구도 움직일 수 있다.'라고…. 이 말에서 '지렛대'가 바로 '다른 모든 일들을 쉽게 혹은 필요 없게 만들'이 되는 거야. 곧, 지렛대 하나만 있으면 힘들게 굴리거나, 몸으로 밀거나, 친구들을 부를 필요 없이 아주 쉽게 바윗돌을 옮길 수 있을 테니까."

"아, 맞네요."

"목표를 이루기 위해 우리는 이 '지렛대' 단 하나만 있으면 돼. 그러면 다른 일은 더 쉬워지거나 필요 없게 되는 거지. 그러니까 서준이도 '나에게는 어떤 일이 다른 일들을 더 쉽거나 필요 없게 만들 지렛대가 될까?'라는 질문을 던져 보는 거야. 그러면 맨 앞의 도미노를 찾는 데 좀 더 도움이 될 것 같은데, 어때?"

서준이는 천천히 고개를 끄덕였다. 그때, 삼촌이 갑자기 아이들을 둘러보며 짓궂게 웃어 보였다.

"아, 왜 그러세요? 무섭게…."

서준이가 어깨를 움츠리며 삼촌을 바라보았다. 삼촌은 스크린에 새로운 화면을 띄웠다.

"자, 이건 숙제야."

"네에?"

아이들은 깜짝 놀라 소파에서 뛰어오를 듯 소리쳤다.

"다음에 만날 때까지 이 질문에 대한 답을 찾아오는 거야."

| 최종의 목표 | 언젠가 내가 하고 싶은 단 하나는 무엇인가? |

| 5년의 목표 | 최종의 목표를 바탕으로,
향후 5년 내에 내가 할 수 있는 단 하나는 무엇인가? |

| 1년의 목표 | 5년의 목표를 바탕으로,
올해 내가 할 수 있는 단 하나는 무엇인가? |

| 한 달의 목표 | 올해의 목표를 바탕으로,
이번 달에 내가 할 수 있는 단 하나는 무엇인가? |

| 한 주의 목표 | 이 달의 목표를 바탕으로,
이번 주에 내가 할 수 있는 단 하나는 무엇인가? |

| 하루의 목표 | 이번 주의 목표를 바탕으로,
오늘 내가 할 수 있는 단 하나는 무엇인가? |

| 지금의 목표 | 오늘의 목표를 바탕으로,
지금 내가 당장 할 수 있는 단 하나는 무엇인가? |

아이들은 화면을 위에서 아래로 천천히 읽어 보았다.

"아, 별로 어렵지 않을 것 같은데요?"

웃으며 말하는 재윤이와 달리 서준이는 꽤나 심각한 표정이었다.

"서준이는 잘 모르겠으면 혜준이한테 물어봐도 돼. 혜준이는 이미 끝낸 숙제거든."

"아, 강혜준한테 물어보기 싫은데…."

서준이는 두 손으로 머리를 움켜잡으며 한숨을 쉬었다.

집에 온 서준이는 삼촌이 준 숙제 종이를 책상 위에 올려놓고 뚫어져라 바라보았다. 그때, 현관문 열리는 소리가 들려왔다.

"아빠 왔다!"

서준이는 방문을 열고 인사를 한 뒤 다시 방으로 들어왔다. 그리고 또다시 책상에 앉아 종이를 한참 동안 바라보았다. 그러다 갑자기 두 손으로 머리카락을 쥐어뜯으며 소리쳤다.

"아! 어떡하지? 아무 생각도 안 나!"

서준이의 목소리에 놀란 아빠가 방문을 벌컥 열었다.

"왜, 왜? 무슨 일이야?"

"하아…, 아무것도 아니에요."

서준이가 길게 한숨을 쉬며 대답하자, 아빠는 고개를 갸웃거리며 방문을 닫았다.

잠시 후, 밥 먹으라는 아빠의 부름에 서준이는 터벅터벅 기운 없이 걸어가 식탁에 앉았다.

"강서준!"

한참 밥을 먹다가 아빠가 갑자기 서준이의 이름을 불렀다. 서준이는 화들짝 놀라 아빠의 얼굴을 쳐다보았다.

"너 지금 숟가락 들고 몇 분 동안 그러고 있는 줄 알아? 입안으로 좀 넣어라."

그제야 서준이는 들고 있던 숟가락을 내려다보았다.

"아, 몰랐어요."

"아니, 대체 무슨 생각을 그렇게 하는 거야? 정말이지 네가 그렇게 생각을 오래 하는 건 난생처음 본다. 늘 아무 생각 없이 행동부터 하더니…."

"에이, 저도 생각 많이 해요."

서준이는 우물우물 밥을 먹으며 웅얼거렸다. 그때, 현관문 열리는 소리와 함께 누나가 들어왔다.

"다녀왔습니다."

들어오자마자 욕실에서 손을 씻는 누나에게 아빠가 말했다.

"혜준아, 얼른 밥 먹어. 피곤하겠다."

"네, 옷 갈아입고요."

누나는 서준이보다 훨씬 기운 빠진 모습으로 방에 들어가더니 한참 만에야 옷을 갈아입고 나왔다.

"혜준이 오늘 연습 힘들었어?"

아빠의 말에 누나는 고개를 끄덕였다.

"네. 이제 곧 콩쿠르잖아요."

"아이고, 오늘은 딸, 아들 둘 다 어깨가 축 늘어졌네."

아빠 말처럼 오늘은 서준이도 누나도 느릿느릿 힘없이 밥을 먹었다.

"너 삼촌이 내준 숙제 했어?"

며칠 후, 영어 학원에서 재윤이를 만나자마자 서준이는 다짜고짜 숙제부터 물었다.

"하고 있는 중…. 너는?"

"난 진짜 뭐부터 해야 할지 모르겠어."

서준이는 손으로 머리를 감싸고 책상에 풀썩 엎드렸다.

"너, 삼촌이 누나한테 물어보라고 했잖아. 물어봤어?"

"아아악! 싫어!"

재윤이의 질문이 끝나기 무섭게 서준이는 책상에 엎드린 채로 소리를 질렀다.

"뭐야? 누가 괴롭혀?"

막 교실 문을 열던 선생님이 깜짝 놀라 물었다.

"아, 아니에요. 아무도 안 괴롭혀요."

서준이는 고개를 저은 후, 천천히 가방에서 책을 꺼냈다.

집에 온 서준이를 반겨 주는 건 엄마도 아빠도 아닌 누나의 피아노 소리였다. 벌써 며칠째 누나는 한 곡만 꾸준히 연습하고 있었다. 아마도 콩쿠르에서 연주할 곡일 게 분명했지만, 정말이지 이제는 피아노 소리가 들리기만 해도 멀미가 날 것 같았다.

방으로 들어간 서준이가 휴대폰을 보고, 숙제를 하고, 재윤이와 메시지를 주고받고, 거실로 나올 때까지 피아노 소리는 계속됐다. 서준이는 저도 모르게 입을 삐죽 내밀며 혼잣말을 내뱉었다.

"아, 진짜 지겹지도 않나?"

그때부터였다. 이 말이 점점 머릿속에서 반복되더니 투덜거림에서 질문으로 바뀌어 갔다.

'정말 지겹지 않을까? 지겨울 텐데? 어떻게 한 곡만 저렇게 열심히 치지?'

서준이가 멍하니 소파에 앉아 생각에 빠져 있을 때였다. 피아노 소리가 그치더니 누나가 방문을 열고 나왔다.

"뭐하냐?"

텔레비전도, 휴대폰도 보지 않은 채 멍하니 앉아 있는 서준이를 본 누나가 물었다.

"아니, 그냥…."

"뭐, 거기 앉아서 나 감시하는 거야?"

"아니라니까, 내가 왜 감시를 해?"

서준이는 괜히 버럭 소리를 질렀다.

"아니면 아니지, 소리는 왜 질러?"

누나는 천천히 냉장고 문을 열고 물을 꺼내 마셨다.

"피아노 안 쳐?"

"좀 쉬었다가 치려고…."

누나는 소파로 오더니 서준이와 뚝 떨어져 앉았다. 그리고 리모컨을 눌러 텔레비전을 켰다.

"저기, 누나…."

서준이가 어렵게 말문을 열었다.

"왜?"

"삼촌이 숙제를 내줬는데…."

서준이가 말을 끝내기도 전에 누나는 웃음을 터뜨렸다.

"푸하하하, 드디어 너도 시작이구나."

"누나가 했던 거 좀 보여 주면 안 돼?"

"안 돼!"

서준이는 최대한 간절하게 물었지만, 누나의 대답은 단호했다.

"나 진짜 그거 어떻게 해야 할지 모르겠단 말이야."

"질문에 대답만 하는 건데 그게 어려워?"

"삼촌도 누나한테 물어보라고 했단 말이야."

서준이는 점점 더 강하게 누나를 졸랐다.

"그것 봐. 삼촌도 물어보라고 했지, 내 숙제를 보고 하라는 말은 안 했잖아."

정말이지 틀린 말은 한마디도 안 하는 누나가 너무나 얄미웠다.

"하아, 그러니까 안 도와주겠다는 거지?"

서준이는 이를 꽉 물며 물었다. 누나는 눈길을 텔레비전 화면에서 떼지 않은 채 말했다.

"너도 나중에 어떤 사람이 되고 싶다는 생각은 있을 거 아니야. 그게 첫 번째 질문의 답이 되어야 하는 거고…."

서준이는 고개를 끄덕였다.

"그다음에는 '이걸 어떻게 하지?'가 아니라 '이걸 어떻게 이루지?'라고 생각해 봐. 그러면 뭔가 떠오르는 게 있을 거야."

"정말이지?"

"난 그랬어. 넌 어떨지 모르지."

서준이는 자리를 박차고 일어나 방으로 들어갔다. 그리고 책상에 앉아 삼촌이 준 숙제 종이를 펼쳐 다시 보았다.

'어떻게 이룰지를 생각하라고 했지?'

서준이는 누나의 말을 떠올리며 질문을 아주 오래오래 읽어 보았다.

"아이고, 더운데 오느라고 고생했어."

삼촌은 땀을 뻘뻘 흘리며 걸어온 서준이와 재윤이에게 시원한 음료수를 건넸다. 음료수를 벌컥벌컥 마시고 에어컨 바람 아래에서 땀을 식히고 있는 아이들에게 삼촌이 넌지시 물었다.

"숙제는 했어?"

아이들은 약속이나 한 듯 손에 들고 있던 파일을 삼촌에게 나란히 내밀었다.

"오, 모두 고생했…, 어? 이게 뭐야?"

삼촌은 두 장의 숙제 종이를 번갈아 보다가 깜짝 놀라며 한 장을 유심히 들여다보았다.

"서준이 너는 빈칸이 왜 이렇게 많아?"

삼촌이 서준이의 얼굴을 쳐다보았다.

"삼촌, 저는 그만큼 채우는 것도 쉽지 않았어요. 나머지는 좀 더 천천히 채우면 안 돼요?"

서준이가 얼굴을 찌푸리며 말했다. 삼촌은 고개를 끄덕인 뒤 말했다.

"서준아, 난 어릴 때부터 꿈이 있었지만, 이렇게 단계적으로 목표를 정하고 할 일의 우선순위를 정한 건 어른이 되어서였어. 그러니까 네가 이 숙제를 힘들어하는 건 당연한 거야."

"하아, 그럴 줄 아시면서 숙제를 내주신 거예요? 너무하시네요."

서준이가 입을 삐죽였다. 그러자 삼촌이 손을 내저었다.

"그건 아니지. 그게 아닌 이유를 말해 볼게. 재윤아…."

"네?"

멍하게 있던 재윤이가 깜짝 놀라 대답했다.

"재윤이는 이 숙제를 하면서 어떤 생각을 했어?"

재윤이는 한참 동안 곰곰이 생각하다가 대답했다.

"아, 저는 프로게이머가 되려면 그냥 게임만 잘하면 된다고 생각했거든요? 그런데 숙제를 하다 보니까 그게 아니라는 걸 알게 됐어요."

"그럼 만약에 재윤이가 최종 목표로 '프로게이머'를 생각해 낸 뒤 중간단계를 다 건너뛰고 마지막 질문을 받았다면 어땠을까? 그러니까 '프로게이머가 되기 위해서 지금 당장 할 수 있는 단 하나는 무엇인가?' 이렇게 말이야."

"그러면 그냥 '게임'이라고 했을 것 같아요."

"그럼 이 숙제를 하고 난 뒤의 대답은?"

"영어랑 수학 공부요."

"영어? 수학?"

서준이가 깜짝 놀라 재윤이를 쳐다보았다.

"왜 그렇게 생각했어?"

"저도 삼촌처럼 게임을 열심히 하면서 프로그램도 만들어 보고 싶거든요. 그런데 알아보니까 게임 프로그래머가 되려면 영어랑 수학을 잘해야 한다고 하더라고요."

삼촌은 고개를 끄덕였다.

"그런데 삼촌은 공부 못했다면서요?"

서준이가 발끈하며 물었다.

"아이고, 내가 언제 못했다고 했냐? 게임만큼은 아니었다고 했지. 그리고 내가 대학생 형, 누나들이랑 같이 프로그램을 만들었다고 했잖아. 수준 높은 프로그래밍은 형, 누나들의 도움을 받기도 했지. 그러니까 수준 높은 프로그램을 만들기 위해 영어, 수학을 잘해야 하는 건 분명하다는 거야."

"맞아요. 저는 나중에 꼭 만들고 싶은 게임이 있거든요. 그러니까 공부도 열심히 하고 게임도 열심히 할 거예요."

재윤이는 눈빛을 반짝이며 말했다.

"자, 서준이는 나와 재윤이 얘기를 듣고 어떤 생각을 했어?"

서준이는 어깨를 으쓱하며 말했다.

"좀 신기하긴 해요. 원래 얘는 진짜 게임만 했는데 삼촌이 내준 숙제를 하고 나서 해야 할 일이 바뀐 거잖아요."

삼촌은 고개를 끄덕였다.

"맞아. 우리가 이 숙제를 하는 이유는 지금 당장 해야 하는 가장 중요한 일이 무엇인지 알 때까지 열심히 생각하고, 하나의 목표를 다음 목표와 연관 짓는 법을 훈련하기 위해서야. 사실 첫 번째 질문에서 말한 최종 목표는 '먼 미래' 이야기라 지금과는 동떨어져 있어서 그냥 막막하게만 느껴지거든. 그렇지만 거꾸로 조금씩 범위를 좁히면서 목표를 정하게 되면 아까 재윤이가 말한 것처럼 내가 해야 할 일들이 눈앞에 그림처럼 펼쳐지게 되지."

재윤이는 또다시 크게 고개를 끄덕였다.

"바로 그 생각하는 연습을 했으면 해서 숙제를 내줬던 거야. 그러니까 서준이는 빈칸을 다 채우지는 못했지만, 목표와 해야 할 일을 생각했던 것만으로도 충분히 숙제를 하고 있었던 거란 뜻이지. 알았어?"

"오오, 그러니까 제가 뭘 엄청 못한 건 아니네요?"

서준이는 당당하게 어깨를 쭉 펴고 웃었다.

"으이그, 이제 곧 방학이니까 이 들쭉날쭉한 빈칸을 어떻게 채울지 생각을 좀 많이 하도록 해. 내가 언젠가 기습적으로 검사할 거야."

삼촌은 서준이에게 숙제 종이를 다시 건네주었다.

짧은 가족 여행을 하고, 재윤이와 함께 삼촌을 두어 번 찾아가서 놀다 온 것이 전부인 것 같은데 여름방학이 금세 지나가 버렸다.
아침부터 찌는 듯한 무더위에 서준이는 인상을 찌푸리며 학교 현관을 들어섰다. 실내화로 갈아 신고 교실로 올라가려던 서준이는 고개를 갸웃거리며 게시판 앞으로 다가갔다. 평소에는 관심도 없던 게시판으로 서준이를 이끈 건 거기에 걸린 안내문 한 장이었다.

서준이가 다니는 초등학교는 생긴 지 얼마 안 된 신설학교로, 방송부는 작년부터 운영했지만, 학교 신문은 아직 한 번도 만든 적이 없었다. 그런데 이제부터 학교 신문을 만든다며, 누구든 기사를 작성해서 담당 선생님에게 이메일로 보내면 그중 좋은 내용을 간추려서 신문에 싣는다고 했다.

안내문을 한참 읽고 있던 그때, 서준이의 머릿속에 뭔가 번뜩였다.

'찾았다. 지금 할 일!'

초점탐색 질문 던지기

때로는 하나의 목표를 이루기 위해 여러 가지 일을 해야 할 때가 있어요. 그럴 때 '초점탐색 질문'이라는 도구를 사용하면, 내가 원하는 것을 이루기 위한 가장 중요한 일이 무엇인지 찾을 수 있어요.

일단 구체적인 목표 한 가지를 세우고, 스스로에게 다음과 같이 초점탐색 질문을 던져 보세요.

"내가 할 수 있는 단 하나의 일, 그 일을 함으로써 다른 모든 일들을 쉽게 혹은 필요 없게 만들 바로 그 일은 무엇인가?"

이 질문에 대한 답을 생각하면서, 자신이 하는 여러 가지 활동을 떠올려 보세요. 그리고 그중에서 내가 원하는 것을 이루기 위해 해야 하는 단 한 가지일을 찾아보세요.

예를 들어, 만약 여러분의 목표가 '피아노 연주자 되기'라면 '일주일에 다섯 번 피아노 연습하기'가 단 하나의 중요한 일이 될 수 있겠지요. 왜냐하면 이렇게 열심히 피아노 연습을 하다 보면 자연스럽게 피아노 실력이 향상되고, 이것을 바탕으로 피아노와 관련된 다른 모든 일들도 더 잘할 수 있기 때문이에요.

결과적으로, 초점탐색 질문은 나에게 어떤 일이 가장 중요한지 알아내는 데 도움을 줄 뿐만 아니라, 내가 목표에 집중할 수 있도록 도와준답니다. 이 질문을 통해 우리는 어떤 일에 진정한 열정을 쏟아부어야 원하는 것을 이룰 수 있는지 알게 될 거예요.

▶▶ **여러 가지 목표를 떠올려 본 다음 각 목표를 이루기 위한 단 하나의 중요한 일을 구체적으로 적어 보세요.**

나의 목표	(예) 피아노 연주자 되기
나에게 중요한 단 하나의 일	(예) 일주일에 다섯 번 피아노 연습하기

정말
할 수 있을까?

~~~~~

수업이 끝나자마자 집에 온 서준이는 소파에 기대앉아 휴대폰을 보고 있었다. 여느 날과 다름없이 똑같은 자세로 휴대폰을 보고 있기는 했지만, 오늘은 좀 달랐다. 늘 보던 동영상도, SNS도 아닌 사진 한 장만 뚫어져라 보고 있었기 때문이다.

서준이가 보고 있는 사진은 아침에 찍어 둔 게시판이었다. 사진을 보는 내내 서준이의 머릿속에는 여러 생각이 꼬리에 꼬리를 물고 떠올랐다.

'정말 써 볼까? 그러다 신문에 실리지 않으면 부끄러울 텐데…. 아니야, 이메일로 보내면 되니까 아무도 모를 텐데 뭐 어때? 아, 정말 내가 기사를 쓸 수는 있을까?'

그렇게 생각에 빠져 있을 때였다.

"엄마가 들어오는 것도 모르고 뭘 하고 있는 거야? 게임 해?"

퇴근하고 돌아온 엄마가 서준이를 보며 의아한 듯 물었다.

"아, 아니에요. 다녀오셨어요?"

"뭔데? 뭘 보고 있는 건데?"

엄마는 장난스럽게 웃으며 서준이 옆으로 다가왔다. 서준이는 얼른 휴대폰을 뒤춤으로 숨겼다.

"아, 엄마, 게임 하는 거 아니고요, 나쁜 짓도 아니고, 정말 아무것도 아니에요. 나중에 다 말씀드릴게요."

서준이는 벌떡 일어나 슬금슬금 방으로 들어갔다. 굳이 비밀로 할 일은 아니었지만, 아직은 말하기가 망설여졌다.

방으로 들어간 서준이는 삼촌의 숙제 종이를 꺼내 책상 위에 올려놓았다. 그리고 한참을 곰곰이 생각하다가 비어 있던 한 칸을 아주 천천히 채웠다.

개학 후 첫 주말, 서준이와 재윤이는 삼촌 집으로 향했다. 서준이는 삼촌 집에 들어서자마자 숙제 종이를 나풀거리며 자신 있게 말했다.

"삼촌, 저 빈칸 하나 채웠어요."

삼촌은 둥그레진 눈으로 서준이가 내민 종이를 받아 들어 읽더니 흐뭇한 미소를 지었다.

"와! 딱 너에게 맞춘 것처럼 아주 중요한 할 일이 생겼네?"

"헤헤, 그러니까요."

"지금 할 일이 딱 생긴 기분이 어때? 설레지 않아?"

잠깐 생각하던 서준이는 웃음기를 거두며 말했다.

"그냥 좀 걱정돼요."

"응? 뭐가 그렇게 걱정이 될까?"

"그게…, 제가 정말 하고 싶은 일이긴 하거든요. 그런데 어떻게 해야 할지, 뭐부터 해야 할지 모르겠어요."

"음, 내 생각엔 우선 다른 기사를 많이 읽어 보고 따라 쓰는 걸 연습하는 게 좋을 것 같은데?"

"다른 사람이 쓴 걸 따라 쓰라고요?"

그때 삼촌이 재윤이를 가리켰다. 재윤이는 삼촌이 예전에 참가했던 게임 대회 영상을 보고 있었다.

"재윤이도 지금 다른 사람들이 게임 하는 걸 보고 있잖아."

"게임이랑은 다르지 않아요?"

삼촌은 고개를 저었다.

"넌 아직 모든 게 처음이니까 일단은 다른 사람들이 이미 잘 써 놓은 기사를 보고, 따라 쓰면서 방법을 익힐 필요가 있을 것 같아. 난 그게 도움이 많이 될 거라고 생각해."

삼촌은 꽤나 단호한 표정으로 말했다.

"하아…."

서준이는 한숨을 내쉬며 스르르 소파에 기대 누웠다.

"으응? 이 반응은 뭐지?"

"좀 지루할 것 같아서요. 저는 지루하면 정말 하기 싫거든요."

"그럼 이건 어때?"

서준이가 벌떡 몸을 세워 앉으며 삼촌을 바라보았다.

"담당 선생님을 찾아가 보는 거야. 학생이 제 발로 찾아와서 기사 쓰는 법을 배우고 싶다고 말하면 정말 예뻐 보이지 않을까? 내가 재윤이를 예뻐하는 것처럼 말이지."

삼촌은 재윤이를 가리키며 말했다.

"아, 어떻게 그래요? 그 선생님 무섭다고 소문났단 말이에요. 안 그래도 이메일로만 보낼 수 있어서 다행이라고 생각했는데, 직접 찾아가라니요. 아후…."

서준이는 또다시 소파에 기대 누우며 손사래를 쳤다. 삼촌은 두 손으로 서준이의 어깨를 잡아 일으키며 말했다.

"어허, 벌써부터 걱정만 많으면 어떡해? 일단 시작을 해야지. 삼촌이 뭐라고 했어? 너에게 가장 중요한 단 하나의 일만 생각하라고 했지? 우리 서준이! 할 수 있어!"

삼촌은 서준이의 어깨를 앞뒤로 흔들며 큰 소리로 말했지만, 서준이는 잔뜩 풀 죽은 얼굴로 나풀거리기만 할 뿐이었다.

 집에 온 서준이는 컴퓨터를 켜놓고 한참을 화면만 바라보고 있었다. 컴퓨터를 켠 건 삼촌의 말처럼 다른 사람들의 기사를 찾아 읽기 위해서였다. 그렇지만 막상 화면에 기사 하나를 띄워 놓고 나니, 기사 내용은 하나도 눈에 들어오지 않고 잡다한 생각만 떠올랐다.

 '내가 이렇게 쓸 수 있을까? 만약 못 쓰면 진짜 기분도 나쁘고 우울해질 것 같은데? 삼촌 말대로 선생님을 찾아가야 하나? 그건 정말 못할 것 같은데? 아, 어떡하지?'

"아아아악!"

 서준이는 소리를 지르며 두 손으로 머리를 감싸 쥐었다.

"왜? 왜 그래? 무슨 일이야?"

 문이 열리며 엄마와 아빠가 동시에 서준이를 바라보았다.

"아무것도 아니에요."

 서준이는 머리를 감싸 쥔 채로 고개를 휘휘 저었다. 엄마와 아빠는 고개를 갸웃거리다 슬그머니 문을 닫았다.

 조금 있으니 엄마와 아빠가 저녁을 먹으라며 서준이를 불렀다.

"요즘 서준이가 좀 이상해."

"맞아. 뭔가 걱정거리가 있는 것 같은데?"

엄마와 아빠가 서준이의 표정을 살피며 말했다.

"아무것도 아니…."

말을 마치기도 전에 아빠가 서준이에게 컵을 건네며 말했다.

"에이, 아무것도 아닌 게 아닌데 뭐…. 얼른 말해 봐. 아빠가 다 해결해 줄게."

서준이는 한참 동안 생각을 하다가 지금까지 있었던 일을 쭉 늘어놓았다.

"푸하하하!"

이야기를 듣고 난 후 누나가 큰 소리로 웃음을 터뜨렸다.

"왜 웃어?"

엄마와 아빠, 서준이가 한꺼번에 누나에게 물었다.

"저런 걱정을 하는 걸 보니까 쟤 친구들이 얼마나 말을 안 듣는 애들일까 싶어서요."

"무슨 소리야?"

서준이가 발끈하며 누나를 노려보았다.

"이재현 선생님은 말썽 피우는 아이들이 아니면 절대 혼을 안 내셔. 그러니까 그 선생님이 무섭다고 하는 애들은 대부분 혼이 나 봤던 애들이라는 거지."

"아니야. 진짜로 무섭다고 소문났다니까?"

누나는 서준이의 말엔 대꾸도 하지 않고 엄마를 바라보며 물었다.

"엄마, 나현이 아시죠?"

"알지. 너하고 제일 친한 친구잖아."

"나현이가 6학년 때 이재현 선생님 반이었거든요. 나현이가 글짓기 대회에도 많이 나가고, 백일장 상이나 청소년 문학상을 모조리 쓸어 담는 게 다 그때 이재현 선생님이 도와주셔서 그런 거예요. 나현이는 지금도 스승의 날만 되면 이재현 선생님 찾아가고 그래요."

"오오, 진짜 좋은 선생님이시네."

엄마가 고개를 끄덕였다.

"정말 그때 나현이가 얼마나 부러웠는데요. 만약에 얘가 이재현 선생님을 만나서 도움을 받게 되면, 아… 그건 좀 배 아플 것 같아요."

누나는 젓가락을 입에 문 채 덤덤하게 말했다.

"서준아, 이번이 기회야. 누나를 배 아프게 해보자."

엄마와 아빠는 환하게 웃으며 말했지만, 서준이는 웃을 수가 없었다. 이렇게 된 이상 선생님을 찾아가지 않으면 안 될 것 같았고, 그건 정말 큰 용기가 필요한 일이었다. 서준이는 밥을 먹다 말고 눈을 질끈 감았다.

'정말 찾아가 봐?'

며칠 뒤, 수업이 끝난 후 서준이는 6학년 교실 앞을 서성거렸다. 이재현 선생님이 6학년 2반 담임선생님이었기 때문이다.

잠시 후, 교실 문이 열리더니 이재현 선생님이 성큼성큼 걸어 나왔다. 서준이는 너무 놀라 '쿵' 하고 내려앉는 가슴을 부여잡았다. 그러고는 냅다 도망쳐 버렸다.

"푸하하하! 크크크크!"

학원에서 만난 재윤이에게 오늘 있었던 일을 이야기하자 허리가 부러질 듯이 웃어 댔다.

"웃지 마. 나 지금 심각하게 창피해."

"푸하하하! 그 얘기를 듣고 어떻게 안 웃을 수 있냐? 완전 웃겨! 푸하하하하!"

서준이는 다급하게 손으로 재윤이의 입을 막았다.

"아, 좀 조용히 해. 애들이 쳐다보잖아."

그제야 재윤이는 웃음을 멈췄다. 그리고 잠시 후, 작은 소리로 말했다.

"나는 일단 네가 복도까지 간 건 엄청나게 큰 용기였다고 생각해. 이제 도망만 안 치면…."

재윤이는 다시 슬금슬금 터지려는 웃음을 참으며 말했다.

"네 계획은 완벽하게 성공하는 거지. 그러니까 내 말은…, 처음 용기를 내는 게 어려운 건데 그건 이미 해냈으니까 그다음은 더 잘할 수 있다는 거야, 오케이?"

"아, 몰라."

서준이는 두 손으로 머리를 감싸며 책상 위로 풀썩 엎드렸다.

그 후로 또 며칠이 지났다. 서준이는 그동안 몇 번이나 6학년 복도를 서성였지만 교실 문을 열고 들어갈 용기가 나지 않아 발길을 돌리곤 했다. 오늘도 서준이는 수업이 끝난 후 계단을 올랐다.

'가면 뭘 해? 아무것도 못 하고 또 그냥 올 건데….'라고 생각하면서도 이제는 마치 습관처럼 서준이의 발길은 6학년 교실로 향했다. 그리고 또 여느 때와 마찬가지로 복도를 서성거리고 있을 때였다.

스르륵 탁!

문이 열리는 소리가 들리자 서준이는 화들짝 놀라며 몸을 뒤로 돌렸다. 그때였다.

"거기, 우리 친구 누구야?"

이재현 선생님의 목소리였다. 서준이는 저도 모르게 그 자리에 얼음처럼 굳어 버렸다. 선생님은 서준이 앞으로 다가와 의아한 듯 물었다.

"지난번에도 본 것 같은데, 여기서 뭘 하고 있었던 거야?"

소문처럼 무서운 표정의 선생님을 보자 서준이는 쉽사리 말이 나오지 않았다.

"분명히 뭔가 할 일이 있어서 여기 온 것 같은데?"

선생님은 손가락으로 턱을 괴며 서준이의 얼굴을 찬찬히 살펴보았다. 그때 문득 서준이의 머릿속을 짧게 스쳐 가는 생각이 있었다.

'이대로 가만히 있다가는 나쁜 짓을 하려다 들킨 걸로 오해받을 수도 있겠다.'

서준이는 심호흡을 크게 하고 다급하게 말했다.

"선생님, 저 학교 신문에 기사를 쓰고 싶어요."

"신문 기사 때문에 물어보고 싶은 게 있었던 거야?"

잔뜩 굳은 표정이던 선생님이 환하게 웃더니 허리를 숙여 서준이에게 물었다.

"네에…."

서준이는 기어들어 가는 목소리로 수줍게 대답했다.

"음, 그럼 일단 교실에 가서 이야기할까?"

선생님은 앞장서서 6학년 2반 교실로 들어갔다. 서준이는 안도의 한숨을 내쉬며 선생님의 뒤를 따랐다.

"몇 학년 몇 반이야?"

"5학년 4반이에요."

"이름은?"

"강서준이요."

"음, 그래. 물어보고 싶었던 게 뭐였어?"

서준이는 우물쭈물하다가 작은 소리로 말했다.

"학교 신문 기사를 써 보고 싶은데, 어떻게 써야 할지 모르겠어요."

서준이의 말을 들으며 뭔가 생각하던 선생님은 서랍에서 작은 수첩 하나를 꺼냈다. 그리고 거기에 '5학년 4반 강서준'이라고 적어서 서준이에게 건넸다.

"자, 이건 기자 수첩이야."

"기자 수첩이요?"

"사실 기자 수첩이라고 해서 특별한 건 아니고, 그냥 작은 수첩인데, 아무래도 기사를 쓰기 위해서는 메모할 일이 많을 거거든. 그럴 때 쓰라고 주는 거야."

"아, 네…."

서준이는 두 손으로 수첩을 받아들고 내려다보았다.

"이번 주부터 방과 후 수업이 시작되는 거 알고 있지?"

"네."

"혹시 그 방과 후 수업에서 기사로 쓸 만한 이야깃거리가 있는지 한번 찾아보자. 어떤 수업이든 상관없어."

서준이는 선뜻 대답을 하지 못하고 수첩만 만지작거렸다.

"서준아, 기사를 써 오는 게 아니고 뭔가 궁금한 게 있거나, 꼭 알려 주고 싶은 것, 또는 네 눈에 특별하게 보이는 게 있는지 보고 오는 거야. 그걸 잊어버리지 않게 메모 정도만 하면 되는 거고…, 혹시 어렵겠니?"

"아, 아니요."

서준이는 고개를 가로저으며 이렇게 대답했지만, 사실은 '내가 정말 잘할 수 있을까?'라는 걱정이 스멀스멀 피어오르기 시작했다.

며칠 후, 서준이는 생명과학부 교실 앞을 서성거렸다. 1학기 때 서준이도 생명과학 수업에 참여했지만, 2학기에는 삼촌이 말한 '단 하나의 일'에 집중하겠다며 신청하지 않은 상태였다. 아직까지는 서준이에게 익숙한 곳인데도 막상 교실로 들어가 뭘 하는지 알아보고 메모까지 하려니 선뜻 용기가 생기지 않았다. 몇 번을 망설이던 서준이는 결국 발길을 돌렸다.

'아, 어떡해야 하지? 난 정말 바보인가 봐.'

현관에서 신발을 갈아 신고 나오던 서준이는 하늘을 바라보며 깊은 한숨을 내쉬었다.

학원에 가니 재윤이가 책상에 엎드려 있었다.

"넌 왜 이러고 있어?"

서준이는 재윤이를 따라 책상에 엎드리며 물었다.

"와, 하루 두 시간 게임 연습하는 거, 정말 쉽지 않아."

"원래도 그만큼 했잖아."

재윤이는 고개를 저었다.

"그냥 하는 거랑 연습으로 하는 거랑 천지 차이야. 다 안다고 생각했는데 공부해야 할 것도 많고, 고민해야 할 것도 너무 많아. 그러다 보니까 이기지도 못해. 아, 진짜 쉽지 않아."

"그러냐? 나도 쉽지 않아."

"넌 또 왜?"

서준이는 생명과학부 교실 앞에서 망설였던 얘기를 털어놓았다.

"아이고, 진짜 우리 둘 다 쉽지 않네."

재윤이는 다시 털썩 책상 위로 엎드렸다.

"안 되겠다. 우리가 삼촌을 못 본 지 너무 오래됐어. 삼촌 만나서 스트레스 풀자."

서준이가 재윤이의 어깨를 토닥이며 말했다.

주말이 되어 서준이와 재윤이는 삼촌 집으로 향했다. 삼촌은 아이들을 보자마자 환히 웃으며 말했다.

"오늘은 그냥 놀자."

재윤이는 삼촌의 컴퓨터로 게임을 하기 시작했다. 서준이는 삼촌과 소파에 앉아 지금까지 있었던 일들을 재잘재잘 떠들었다.

"하하하, 아이고, 그런 일이 있었구나."

삼촌은 서준이의 이야기에 맞장구를 치며 이야기를 들어 주었다.

그렇게 한참이 흐르고, 삼촌은 저녁 식사를 하자며 근처 패밀리 레스토랑으로 아이들을 데려갔다.

"재윤이는 오늘 스트레스 좀 풀렸어?"

"헤헤, 네. 역시 게임은 놀면서 하는 게 최고예요."

"실력이 늘면 연습도, 대회도 노는 것처럼 할 수 있게 될 거야. 나도 그랬거든."

"아, 정말 그랬으면 좋겠어요."

재윤이가 두 손을 모으며 말했다.

"서준이는 이제 기분 좀 풀렸어?"

"에이, 원래도 그렇게 기분이 나쁘지는 않았어요."

"나도 평소에 기자들을 종종 만나는데, 널 보니까 기자가 얼마나 용감해야 하는 일인지 알 것 같아. 전혀 모르던 사람들을 찾아가서 만나야 하고, 또 질문도 해야 하고, 기사도 써야 하고…. 그게 쉬운 일은 아니지."

"1학기 때 같이 수업 들었던 친구들도 많이 있고 해서 생명과학부 교실에 들어가는 것까지는 아무 문제가 되지 않아요. 그런데 가서 뭘 해야 할지 모르겠어요. 그래서 교실로 못 들어가는 거예요."

"음, 네가 참여해 봤으니까 어떤 수업인지는 알고 있을 것 아니야. 그러면 그동안 갖고 있었던 궁금증 같은 걸 정리해 보면 어때?"

"아, 솔직히 그동안은 그냥 수업하는 대로 따라가기만 해서 궁금한 게 별로 없었어요. 그런데 한번 생각을 해봐야 할 것 같아요."

서준이는 고개를 끄덕이며 말했다.

집에 온 서준이는 이재현 선생님이 준 수첩을 꺼냈다. 왠지 이 수첩을 보고 있어야 지금 할 일이 떠오를 것 같았다. 한참 동안 생각을 하던 서준이는 수첩을 펼쳐 질문거리들을 몇 가지 적었다. 그리고 생명과학부 교실을 찾아가서 선생님에게 어떤 이야기를 할지, 아이들에게 어떻게 질문할지 머릿속으로 몇 번이고 상상하고 또 상상했다.

며칠 후, 서준이는 수업이 끝난 후 생명과학부 교실로 향했다. 이번에는 지난번과는 달리 수업이 시작되기 전 당당하게 교실 문을 열고 들어섰다.

"오, 서준이 오랜만이네?"

선생님이 웃으며 서준이를 반겨 주었다.

"헤헤, 안녕하세요?"

서준이는 꾸벅 인사를 하고 준비했던 말을 꺼냈다.

"제가 학교 신문에 생명과학 수업에 대한 기사를 쓰려고 하는데요, 궁금한 점이 있어서 질문하려고 왔어요."

"그래? 대환영이야. 그런데 뭐가 궁금한 거야?"

선생님은 서준이에게 가까이 다가오며 물었다. 서준이는 가방에서 수첩을 꺼내 선생님에게 질문을 하기 시작했다.

"생명과학 수업의 목표는 무엇인가요? … 생명과학 수업은 어떻게 진행되나요?"

선생님은 서준이의 질문에 정성껏 대답해 주었고, 서준이는 선생님의 말을 한마디도 놓치지 않으려 애쓰면서 받아 적었다. 선생님과의 이야기가 끝난 후, 아이들에게도 질문을 했다.

"생명과학 수업을 듣게 된 동기가 뭐야?"

"동기? 그런 거 없는데?"

"하아, 그럼 이 수업을 들으면 어떤 점이 좋아?"

"음, 동물을 많이 볼 수 있으니까 좋지."

아이들의 대답이 그다지 만족스럽지는 않았지만 그래도 서준이는 열심히 메모했다.

집에 온 서준이는 서둘러 컴퓨터를 켜고 수첩을 꺼냈다. 그리고 컴퓨터에 천천히 질문의 내용과 답변들을 정리하기 시작했다.

다음 날, 서준이는 수업이 끝난 후 6학년 2반 교실을 찾아갔다. 그리고 어제저녁 낑낑대며 정리한 내용을 선생님에게 보여 주었다. 한참 동안 서준이가 써 온 것을 읽어 보던 선생님은 곰곰이 생각하다가 조심스럽게 말문을 열었다.

"서준아, 생명과학부 교실에 찾아가서 선생님과 아이들에게 질문을 한 것 자체로 기사를 쓰는 데 한 걸음을 확실히 내디뎠어. 정말 잘했어."

서준이는 침을 꿀꺽 삼키며 선생님 말에 집중했다.

"그런데 조금 아쉬운 부분이 있어."

순간 서준이의 머릿속에서 여러 가지 생각이 뒤죽박죽 떠올랐다.

'질문이 이상한가? 내가 정리를 잘못했나? 기사를 써 오지 않아서 그러시나? 아닌데? 기사로 안 써 와도 괜찮다고 하셨는데?'

"네가 사람들에게 알려 주고 싶어 하는 내용이 어떤 건지 잘 모르겠다는 거야."

선생님은 서준이가 써 온 걸 서준이 앞으로 내밀었다.

"자, 여기 보면 너는 선생님에게도, 아이들에게도 생명과학 수업에 대한 아주 기본적인 질문들을 했어. 그런데 이런 내용은 방과 후 수업 안내문에도 잘 나와 있거든. 굳이 기사로 읽지 않아도 알 수 있는 내용이라는 거지."

서준이는 말없이 고개를 끄덕였다. 듣고 보니 정말 그랬다.

"지난번에 내가 그런 말을 했을 거야. 네가 꼭 알려 주고 싶은 것, 네 눈에 특별하게 보이는 것을 찾아보라고…."

"네."

"이렇게 길게 쓰지 않아도 괜찮아. 네가 꼭 알려 주고 싶은 게 딱 한 가지여도 상관없어. 알았지? 조금 더 생각해 보고 다시 한번 해보자."

선생님은 종이를 다시 서준이에게 돌려주며 말했다.

"다녀왔습니다."

집에 온 서준이는 터덜터덜 방으로 들어갔다. 평소라면 서준이의 기운 없는 모습에 엄마가 따라 들어왔을 테지만, 오늘은 웬일인지 무슨 일인지 묻지 않았다.

서준이는 침대에 누워서 선생님의 말을 다시 떠올렸다.

'꼭 알려 주고 싶은 것, 특별하게 보이는 것….'

그렇지만 몇 번이고 다시 떠올려 보아도 좋은 생각이 나지 않았다. 그렇게 한숨을 쉬며 얼마나 누워 있었을까?

"서준아, 혜준아, 밥 먹어!"

서준이는 천천히 몸을 일으켜 느릿느릿 식탁으로 걸어갔다. 그리고 밥을 먹는 내내 한숨을 쉬었다.

"야, 밥 좀 똑바로 먹어라."

누나가 서준이를 보며 쏘아붙였다.

"뭐? 내가 뭘 어쨌는데?"

서준이도 지지 않고 노려보았다.

"어허, 애들이 왜 또 밥 먹으면서 이래?"

엄마가 서준이와 누나를 번갈아 쳐다보며 낮은 목소리로 말했다.

"엄마, 엄마는 왜 저한테 무슨 일 있냐고 안 물어봐요? 아까부터 축 처져 있었는데?"

서준이는 괜히 엄마에게 투덜거렸다.

"푸하하하, 너 그러는 게 어디 한두 번이냐? 이젠 말 안 해도 왜 그러는지 다 알겠다."

누나가 어이없다는 듯 큰소리로 웃었다.

"누나가 어떻게 알아? 내가 왜 그러는데?"

서준이가 목소리를 높이며 따지고 들었다.

"보나 마나 그 학교 신문 기사인지, 뭔지, 그것 때문에 그러겠지."

누나의 말은 정말 조금도 틀리지 않았다. 그래서 서준이는 더 약이 올랐다.

"아니거든."

"아니긴 뭐가 아니야. 뭐, 너무 부끄러워할 필요는 없어. 넌 '단 한 가지의 일'을 이제 시작하는 거니까, 그럴 땐 그럴 수 있어."

그렇게 말하는 누나가 정말 얄미웠지만, 딱히 반박할 말이 떠오르지도 않았다.

"다 아는 척, 잘난 척하지 마. 진짜 짜증 나."

서준이는 누나를 노려보았지만, 누나는 생글생글 웃으며 밥만 잘 먹었다. 서준이는 뭔가 진 것 같은 기분에 마음이 부글부글 끓어올랐다.

"자, 다 싸웠지? 그럼 이제는 밥 먹자."

엄마의 말에 서준이는 후다닥 밥을 먹어 치운 뒤, 방으로 들어갔다. 그리고 침대에 털썩 누워 긴 한숨을 내쉬었다.

꿈을 이루는 데 방해가 되는 것들을 이겨 내려면?

꿈을 이루는 과정에서 때때로 여러분을 방해하는 여러 가지 것들을 맞닥뜨릴 수도 있어요. 이런 것들을 미리 막거나 이겨 내는 방법을 알아볼까요?

1. 자신을 돌아보는 시간 갖기

정기적으로 자신을 돌아보는 시간을 갖고 주변에 내 꿈에 방해가 되는 것들은 없는지 찾아보세요. 어떤 습관이나 생각이 내 꿈을 미루게 만드는지 생각해 보세요.

2. 일기 쓰기

매일 하루 동안 있었던 일들을 일기장에 기록해 보세요. 이렇게 하면 자신이 매일 무엇을 하며 시간을 보내는지 정확하게 알 수 있어요.

3. 목표 인식하기

항상 나의 꿈이나 목표를 떠올리면서 그것을 이루기 위해 어떤 일을 해야 하는지 생각하는 습관을 가지세요. 그러면 꿈을 이루는 데 방해가 되는 것들과 자연스럽게 멀어지게 될 거예요.

4. 부정적인 생각 하지 않기

'잘할 수 있을까? 실패하면 어떡하지?' 같은 부정적인 생각들이 꿈을 이루는 데 방해가 되기도 해요. 부정적인 생각이 든다면 긍정적인 생각으로 바꾸도록 노력해 보세요.

5. 시간 낭비 습관 없애기

텔레비전이나 게임, 스마트폰 사용 등에 너무 많은 시간을 쏟고 있진 않나요? 시간을 낭비하는 습관도 꿈을 이루는 데 방해가 될 수 있어요.

6. 다른 사람의 조언 듣기

꿈을 이루는 데 방해가 되는 요소들을 찾았다면 가족이나 친구들과 함께 해결 방법을 찾아보세요. 다른 사람들의 의견과 내 생각을 비교해 보는 것도 큰 도움이 될 수 있어요.

나의 꿈을 이루는 데 방해가 되는 습관이나 주변 환경들을 파악했다면, 이것들을 변화시키 위한 노력을 기울여야 해요. 매일 조금씩 바꾸어 나가다 보면 어느새 달라진 내 모습을 발견할 수 있을 거예요. 방해 요소를 파악하고 극복하는 과정은 꿈에 이르는 길을 더욱 밝혀 줄 것입니다. 기억하세요. 굳은 결심과 노력만 있다면 어떤 어려움도 반드시 이겨 낼 수 있답니다.

원씽 (The One Thing),
'단 하나'를 실천하기 위한 첫걸음

ееееe

정말 이상했다. 선생님에게 지적을 받은 뒤 분명히 기분도 좋지 않고, 기사를 쓰고 싶은 의욕도 한풀 꺾였는데, 자꾸만 머릿속에 '어떤 질문을 하면 좋을까?'라는 생각이 맴돌았다. 온종일 떠오르다 못해 생명과학부 교실 앞을 서성이며 어떤 질문을 할지 생각하는 꿈까지 꿀 정도였다.

"너 뭔 생각을 그렇게 해? 오늘 완전 멍하던데?"

학원을 마치고 나오는 길에 재윤이가 고개를 갸웃거리며 서준이에게 물었다. 재윤이의 말처럼 서준이는 머릿속에 떠오르는 생각을 떨치지 못해 학원 수업도 듣는 둥 마는 둥 했었다.

"후우, 그게 말이야."

서준이는 한숨을 내쉰 뒤, 재윤이에게 마치 고백을 하듯 요즘 자신을 괴롭히는 생각을 털어놓았다.

"아, 그건 내가 도와줄 수가 없는 고민이다."

재윤이가 고개를 저었다.

"도와달라는 거 아니야. 그냥 말한 거야."

서준이는 고개를 푹 숙여 땅을 내려다보았다. 그렇게 걷는 사이 어느새 횡단보도 앞에 도착했다. 서준이는 횡단보도를 지나쳐 곧장 가고, 재윤이는 횡단보도를 건너 각자의 집으로 향해야 했다.

"야, 힘내. 내일 보자."

재윤이가 서준이의 어깨를 툭 치고는 횡단보도를 건넜다. 서준이는 터덜터덜 집을 향해 걸었다. 집에 가는 길에는 과일 가게도 있고, 아이스크림 가게도 있고, 문구점도 있고, 반려동물 가게도 있었다. 서준이는 이 길을 지날 때면 매일 그랬듯 반려동물 가게 앞에서 걸음을 멈추었다. 며칠 전에는 보이지 않았던 강아지와 고양이가 새로 와 있었다. 서준이는 유리창 앞에 쪼그리고 앉아 인형처럼 귀여운 아기 동물들을 한참 동안 바라보았다. 그때였다.

'아, 이거다!'

서준이는 용수철이 튕기듯 벌떡 일어나 집을 향해 서둘러 걸었다.

집에 도착한 서준이는 인사도 하는 둥 마는 둥, 밥도 먹는 둥 마는

둥 하고 컴퓨터 앞에 앉았다. 번개처럼 떠오른 생각이 사라지기 전에 얼른 정리를 해두어야 했다.

다음 날, 수업이 끝난 후 서준이는 계단을 두 개씩 올라 6학년 2반 교실을 찾아갔다. 노크를 하고 교실 문을 여니 선생님이 환하게 웃으며 서준이를 맞아 주었다.

"오! 서준아, 얼른 들어와."

서준이는 꾸벅 인사를 하고 선생님에게 다가갔다. 그리고 가방에서 주섬주섬 수첩을 꺼내 선생님에게 내밀었다.

"선생님, 제가 어제 생각한 질문인데요."

선생님은 서준이의 수첩을 보며 한참 동안 아무 말도 하지 않았다. 서준이는 침을 꿀꺽 삼키며 선생님의 표정을 살폈다.

"오, 좋은데?"

잠시 후, 선생님은 웃으며 수첩을 닫아 서준이에게 돌려주었다.

"정말 좋은 질문이야. 방과 후 수업 시간에 찾아가서 답변을 듣고 기사를 써 보면 되겠다. 그런데 기사를 써 본 적은 있니?"

"아니요."

서준이는 고개를 저었다.

"보통은 육하원칙, 그러니까 '누가, 언제, 어디에서, 무엇을, 어떻게, 왜' 이렇게 여섯 가지 항목에 맞도록 기사를 쓰는 게 기본이야. 아마 신문 기사를 검색해서 읽어 보면 육하원칙에 따라 어떻게 문장을 써야 하는지 알 수 있을 거야."

"아, 저희 삼촌도 신문 기사를 따라 써 보라고 하셨어요."

"그래? 삼촌이 혹시 기사나 글을 쓰는 것과 관련된 일을 하시니?"

서준이는 고개를 저었다.

"아니요. 삼촌은 원래 프로게이머였는데요, 지금은 해설도 하고 대학원도 다니세요. 그런데 게임을 할 때도 처음엔 잘하는 사람들이 하는 걸 보는 게 도움이 된다고 하시면서, 저보고도 잘 쓴 기사를 따라서 써 보라고 하신 거예요."

선생님은 고개를 끄덕였다.

"정말 좋은 말씀을 해주셨네. 삼촌 말씀처럼 천천히 따라서 써 보면 정말 큰 도움이 될 거야."

그때 선생님의 휴대폰이 책상 위에서 드르륵 소리를 내며 움직였다. 선생님은 휴대폰 화면을 흘끔 보더니 말을 이어 갔다.

"기본적인 것부터 차근차근 쓴다고 생각해. 기사를 쓴 다음엔 이메일로 보내도 되고, 오늘처럼 직접 가져와도 돼. 오늘은 내가 오래 이야기할 시간이 없네. 혹시 궁금한 게 있으면 언제든 찾아와도 좋고, 문자나 전화를 해도 좋아. 그럼 이제 일어날까?"

"네."

서준이가 일어나자 선생님도 책과 두꺼운 노트를 챙겨 자리에서 일어났다. 서준이와 선생님은 1층까지 함께 내려와 현관 앞에서 헤어졌다.

"재윤아! 재윤아!"

학원 교실 문을 열며 서준이는 재윤이의 이름을 외쳤다. 책상에 엎드려 있던 재윤이가 느릿느릿 고개를 돌려 서준이를 바라보았다.

"아니, 너 왜 이래? 어디 아파?"

서준이가 다급히 재윤이의 옆으로 다가가 앉았다.

"아니, 내가 어제 잠을 잘 못 자서…."

"헉, 또 게임 한 거야? 연습하느라고?"

재윤이는 스르륵 책상 위로 엎드리며 고개를 저었다.

"아니. 그게 아니라, 어제 컴퓨터가 좀 이상했는데, 형이 늦게 오는 바람에 11시가 다 되어서 겨우 고쳤거든. 컴퓨터 고치고 나서 게임 연습하느라 늦게 자서 그래."

재윤이의 형은 대학생이었는데 컴퓨터에 대해 잘 알아서 조립도, 수리도 척척 한다고 했다.

"그랬구나. 하하하."

서준이의 웃음소리에 재윤이가 벌떡 일어났다.

"그런데 너 왜 그래? 왜 어제랑 완전 다른 사람이 됐어? 고민이 해결된 거야?"

"하하하, 그렇지."

서준이는 신이 나서 학교에서 있었던 일을 떠들어 댔다. 재윤이는 다시 스르륵 엎드리더니 눈까지 감으며 힘없이 말했다.

"잘됐다. 난 잠깐만 좀 잘게."

서준이는 말없이 재윤이의 등을 토닥여 주었다.

며칠 후, 방과 후 수업이 있는 날, 서준이는 의기양양하게 생명과학부 교실을 찾아갔다.

"어? 또 왔네? 이번에는 뭐가 궁금해?"

선생님이 환히 웃으며 물었다.

"선생님, 제가 이번에는 좀 다른 질문을 해보려고 하는데요."

서준이는 선생님에게 수첩을 펼쳐 내밀었다. 선생님은 수첩에 쓰인 질문을 읽고, 잠깐 생각을 하다가 말했다.

"서준아, 이건 수업 끝날 때쯤에 친구들이랑 다 같이 얘기해 보자. 왠지 할 이야기가 많을 것 같은데, 이제 곧 수업을 시작해야 해서 시간이 별로 없거든. 수업 끝나기 전에 이야기할 시간을 만들어 볼게.

기다려 줄 수 있겠니?"

"네, 그럼요."

서준이는 웃으며 고개를 끄덕였다.

수업에 방해가 될까 봐 서준이는 밖에 나와 기다리기로 했다. 창밖으로 축구하는 아이들을 바라보며 기다리는 내내 서준이의 마음은 설레기도 하고 긴장되기도 했다.

얼마나 시간이 지났을까? 교실 문이 열리며 선생님이 서준이에게 들어오라는 손짓을 했다. 서준이는 얼른 교실로 들어가 선생님이 가리킨 자리에 앉았다. 그리고 수첩과 연필을 꺼내며 질문할 준비를 했다.

"자, 서준이가 우리 생명과학부에 질문이 있다고 해서 함께 얘기해 볼까 하거든. 그럼 먼저 서준이가 질문해 볼까?"

서준이는 수첩을 들고 자리에서 일어났다. 그리고 오랜 고민과 걱정 끝에 생각해 낸 질문을 드디어 아이들에게 던졌다.

"생명과학부에서는 식물을 키우고 관찰하기도 하지만 기니피그나 새우, 소라게, 장수풍뎅이와 같은 동물을 관찰하거나 직접 키우기도 합니다. 동물은 원래 자연에서 자유롭게 살아야 하는데, 우리가 키우고 관찰하려면 작은 통 안에 넣어 두어야 합니다. 동물들은 정말 답답할 것 같은데, 이렇게 동물을 가두어 놓고 키우거나 관찰하는 게 옳은 일일까요?"

서준이의 질문이 끝나자 아이들은 서로를 멀뚱멀뚱 바라보기만 할 뿐 쉽게 답을 하지 못했다.

"서준이의 질문에 답할 친구 없어?"

선생님이 아이들을 둘러보며 묻자 4학년 동생 한 명이 쭈뼛쭈뼛 손을 들었다. 선생님이 말해 보라는 손짓을 하자 그 아이는 머뭇거리다가 말문을 열었다.

"아, 저는 그거 좀 별로 좋지 않다고 생각합니다. 지난번에 소라게를 키우려고 집에 가져갔거든요. 그런데 먹이도 잘 챙겨 줘야 했고, 이것저것 준비할 것도 많았어요. 그런 절 보시더니 할머니께서 '바다에 갖다 놓으면 알아서 잘 클 텐데….'라고 하셨어요. 그래서 저는 소라게는 바다에 있어야 한다고 생각합니다."

4학년 동생이 자리에 앉자 아이들 사이에서 웃음이 터져 나왔다.

"또 다른 친구 있니?"

아이들 두어 명이 또 손을 들었고, 그중 한 아이가 일어서서 말했다.

"저는 작년에 집에서 장수풍뎅이 애벌레를 키웠는데요, 동생이랑 동생 친구들이 막 만지고 괴롭혀서 제가 못하게 말렸거든요. 장수풍뎅이가 좁은 곳에서 사는 것도 불쌍한데, 사람들이 괴롭혀서 더 불쌍해요."

아이들이 고개를 끄덕였다. 그때 6학년 누나 한 명이 손을 번쩍 들었다.

"저는 좀 생각이 달라요. 우리가 생명과학을 배우는 건 동물들이 어떻게 자라고, 또 어떤 것을 먹고, 어떻게 사는지 공부하기 위해서라고 생각하거든요. 그러려면 어쩔 수 없이 우리에 가두거나 통에 넣어 놓고 관찰할 수밖에 없잖아요. 우리가 그렇게 공부를 해야 동물들에 대해 더 잘 알게 되고, 자연에서도 동물들이 어떻게 하면 더 잘 살아갈 수 있는지 알 수 있게 되지 않을까요? 저는 동물을 공부하기 위해 가두어 두는 건 어쩔 수 없는 일이라고 생각해요."

누나가 자리에 앉자 아이들이 또다시 고개를 끄덕거렸다.

"다른 친구들은?"

선생님의 질문에 5학년 친구 한 명이 손을 들었다.

"저는 전에 텔레비전에서 야생동물이 다쳐서 구조되는 걸 본 적이 있거든요. 그런데 수의사 아저씨가 그 동물을 고쳐서 다시 산으로 돌려보내 주었어요. 수의사처럼 동물을 고치는 의사가 되려면 동물을 가두어 놓고 관찰하며 공부해야 하잖아요. 갇혀 있는 동물들이 좀 불쌍하지만, 저도 동물들을 위해서 어쩔 수 없는 일이라고 생각합니다."

아이들이 일어서서 이야기하는 동안 서준이는 중요한 말을 빼먹기라도 할까 봐 열심히 받아 적었다.

"서준아, 어때? 네 질문에 대한 좋은 답이 됐니?"

서준이가 적는 걸 마치고 고개를 들자 선생님이 물었다.

"네."

서준이가 웃으며 고개를 끄덕였다.

"자, 오늘은 우리가 서준이 덕분에 이야기를 많이 나눴던 것 같아. 그렇지?"

"네!"

아이들이 큰 소리로 대답했다.

"좋은 질문을 준비한 서준이도 수고했고, 또 자기 생각을 잘 이야기해 준 우리 친구들도 수고했어. 그럼 오늘 수업은 여기까지."

아이들은 주섬주섬 일어나 인사를 하고 교실을 빠져나갔다. 서준이도 선생님을 향해 꾸벅 인사를 했다. 선생님은 웃으며 엄지손가락을 치켜세웠다.

며칠 동안 서준이는 하루에 한 시간씩 인터넷 기사를 검색해 읽기도 하고 따라서 써 보기도 했다. 그렇게 연습했지만 막상 생명과학부에서 나눈 이야기를 직접 기사로 쓰는 건 쉽지 않았다. 몇 번이고 문장을 썼다가 지우고, 국어사전까지 뒤져 가며 단어를 찾아 이틀에 걸쳐 겨우 스무 줄 정도의 기사를 완성할 수 있었다.

 수업이 끝난 후, 서준이는 프린트한 기사를 가지고 이재현 선생님을 찾아갔다. 오랜만에 가려니까 처음 선생님을 찾아갔을 때처럼 괜히 마음이 떨렸다.
 "서준이 왔니?"
 선생님은 환하게 웃으며 서준이를 반겨 주었다. 서준이가 가지고 온 기사를 선생님에게 내밀자 선생님은 음료수 하나를 서준이에게 건넨다.

"드디어 첫 번째 기사를 썼구나. 내가 기사를 읽는 동안 이거 마시고 있어."

서준이는 음료수를 마시고, 선생님은 서준이의 기사를 읽기 시작했다. 파란색 볼펜으로 표시까지 하며 한참 동안 읽던 선생님이 기사를 내려놓으며 서준이에게 말했다.

"내용이 재미있네. 아이들이 답변을 잘 해줬어?"

"네. 생명과학부 선생님도 도와주셨어요."

"그래, 잘했어. 다만 아직 문장을 쓰는 연습을 많이 하지 않아서 군데군데 좀 어색한 부분이 있기는 해. 그런데 이건 기사를 읽고 쓰는 연습을 많이 하면 금세 해결될 거야."

선생님은 기사를 서준이 쪽으로 내밀며 고친 부분을 보여 주었다. 서준이는 얼른 받아들고 어떤 부분에 표시가 되어 있는지 살펴보았다.

"그런데 서준아, 이런 질문을 떠올리게 되었던 이유가 뭐야?"

서준이는 반려동물 가게에 있는 동물들을 구경하던 중에 떠오른 것이었다고 말했다.

"거기에 있는 강아지랑 고양이들은 늘 작은 우리 안에 갇혀 있거든요. 걔들도 산책하고 뛰어놀고 싶을 텐데, 좀 불쌍하다는 생각이 들었어요."

선생님은 고개를 끄덕이며 서준이의 이야기를 들어 주었다.

"서준아, 넌 기자가 되기 위해 가장 중요한 게 뭐라고 생각해?"

평소에 생각해 보지 않았던 질문에 서준이는 아무거나 떠오르는 대로 우물쭈물 말했다.

"책도 많이 읽어야 하고, 또 기사도 많이 읽고 써 봐야 하고, 또…."

서준이는 말을 끝맺지 못하고 멍하니 허공을 쳐다보았다.

"하하하, 맞아. 책이나 기사를 많이 읽고 글을 많이 써 보는 건 정말 중요해."

선생님이 웃으며 말했다.

"그렇지만 그보다도 중요한 건 궁금한 게 많아야 하는 게 아닐까 생각해."

"궁금한 거요?"

"응. 네가 동물들을 보면서 좋은 질문을 떠올렸던 것처럼 사실 우리 주변에는 질문거리가 참 많거든. 난 네가 기자가 되기 위해 읽고 쓰는 연습을 하는 것만큼이나 질문을 찾는 연습도 함께 했으면 좋겠어. 뭘 보더라도 '저건 왜 저렇지?'라는 생각을 하고, 친구들과 이야기를 할 때도 '저 친구는 왜 저렇게 생각하지?'라고 생각해 보는 거야."

"아, '왜?'라고 많이 질문해야겠네요."

서준이의 말에 선생님이 고개를 끄덕였다.

"바로 그거야. 네가 처음 질문과 답변을 가지고 왔을 때, 다시 하는 게 좋겠다고 했던 건 거기에 너만의 질문이 없어서였어. 그저 기사를 쓰기 위한 질문들뿐이었거든."

선생님 말을 듣고 보니 정말 그랬다. 그땐 궁금한 것보다는 그저 질문거리를 만들어야 한다는 생각만 머릿속에 가득했었다.

서준이는 음료수를 다 마시고도 한참 동안 선생님과 이야기를 나누고 교실을 나왔다. 질문과 기사에 대한 칭찬을 받아서인지, 아니면 선생님이 다정하게 이야기를 많이 해주어서인지 서준이의 기분은 날아갈 듯 가볍고 신이 났다.

집에 오자마자 서준이는 컴퓨터를 켜 선생님이 표시해 준 부분을 고쳤다. 그리고 고친 기사를 몇 번이고 반복해 읽어 보았다. 고친 부분은 많지 않았지만, 이상하게도 기사 전체가 확 달라진 것 같은 느낌이었다.

컴퓨터 화면을 한참 동안 바라보던 서준이는 책꽂이 한구석에 접혀서 꽂혀 있던 안내문을 꺼내 보았다. 학기 초에 담임선생님이 나눠 주었던 방과 후 수업 안내문이었다. 그동안 삼촌, 재윤이와 만나느라, 그리고 기사를 쓰는 데 시간을 보내느라 2학기 안내문은 제대로 읽어 보지도 못했었다.

찬찬히 읽어 보니 마술, 우쿨렐레, 드론 등 새로 생긴 수업도 꽤 많았다. 그중에서도 서준이의 눈길이 가는 수업이 있었다. 바로 마술이었다. 재작년인 3학년 때 서준이는 삼촌, 누나와 함께 마술 공연을 보러 간 적이 있었다. 그때 공연이 얼마나 신기하고 멋있었는지, 한참 동안 마술 동영상에 빠져서 지냈었다.

'다음은 마술부다!'

서준이는 인터넷 검색창을 열어 마술에 대한 내용을 찾아보기 시작했다. 그리고 떠오르는 질문들을 수첩에 적어 나갔다.

며칠 후, 수업이 끝나고 서준이는 마술부 교실을 찾아갔다. 선생님도, 아이들도 모두 낯설었지만 용기를 내 보기로 했다.

"안녕하세요?"

교실 문을 열고 들어선 서준이는 선생님에게 꾸벅 인사를 했다.

"어, 그래? 그런데 누구지?"

선생님은 의아한 표정으로 서준이를 뚫어져라 바라보았다.

"저는 5학년 4반 강서준인데요, 제가 마술부에 대한 기사를 써서 학교 신문에 내고 싶거든요."

서준이는 선생님에게 수첩을 내밀었다. 거기에는 며칠 동안 고민해서 간추려 온 질문들이 적혀 있었다.

"아, 그래? 나 말고도 우리 친구들하고도 인터뷰를 해야겠네?"

"네. 혹시 제가 수업을 좀 보고 나서 선생님이랑 아이들이랑 이야기를 좀 해도 될까요?"

"그럼. 저 뒤 의자에 앉아서 조용히 보면 돼. 인터뷰는 수업 끝날 때 하자."

선생님이 수첩을 돌려주었다. 서준이는 얼른 뒷자리로 가서 앉았다.

아직 수업을 시작한 지 얼마 안 돼서 그런지 아이들은 마술 도구를 이용한 간단한 마술을 배우고 있었다. 서준이는 수업 내용과 아이들의 모습을 틈틈이 수첩에 적고, 휴대폰으로 사진도 찍었다. 수업이 끝날 때쯤, 선생님이 아이들에게 서준이를 소개했고 잠시 이야기할 시간을 주었다.

"마술을 배우고 싶은 이유가 무엇이었나요?"

"마술 실력을 기르기 위해 어떤 연습을 하나요?"

"마술을 배워서 꼭 하고 싶은 일이 있다면 어떤 일인가요?"

서준이는 준비한 질문을 하며 아이들과 이야기를 나누었다. 신기하고 재미있어 보여서 마술을 배우려는 아이들이 대부분이었고, 배운 마술을 가족들에게 보여 주거나 직접 동영상을 찍어 보면서 실력을 키우고 있다고 했다. 그리고 마술을 잘하게 되면 작은 공연을 하고 싶다고 말했다.

질문에 답변을 마친 후 아이들이 교실을 나갔고, 서준이는 교실에 남아 선생님에게 몇 가지 질문을 더 했다.

"마술사들이 마술을 할 때 끊임없이 말을 하는 이유는 무엇인가요?"

"오, 그걸 물어볼 줄은 몰랐는데? 거기에는 여러 가지 이유가 있는데, 말을 하면서 사람들의 관심을 다른 데로 돌리려는 이유도 있고, 또 극적인 효과를 위해서 좀 더 집중하게 만들려는 이유도 있어. 무엇보다 공연은 재미있어야 되니까…."

"마술사가 우리에게 필요한 이유는 무엇일까요?"

이번에 선생님은 잠깐 생각을 하다가 대답했다.

"음, 나는 어릴 때 마술을 보면 꼭 만화나 영화 속에 들어갔다가 나온 것처럼 느껴졌거든. 현실에서는 일어나지 않을 일들이 마술에서는 일어나잖아. 마술사는 사람의 상상과 환상을 눈앞에 직접 보여 주는 일을 한다고 생각해. 사실, 마술이 우리가 살아가는 데 꼭 필요한 것은 아닐지도 몰라. 그렇지만 누군가에게 환상적인 세상을 보여 주는 일은 정말 멋지다고 생각하거든. 그래서 마술사가 필요한 게 아닐까?"

"맞아요. 저도 마술이 정말 멋지다고 생각해요."

서준이가 웃으며 선생님을 바라보았다.

"이제 다 끝난 거지?"

"네."

"그럼 기사 잘 써 줘. 잘 부탁할게."

선생님이 서준이의 어깨를 토닥여 주었다.

집에 온 서준이는 수첩에 적은 내용을 바탕으로 기사를 쓰기 시작했다. 아직 기사를 쓰는 게 쉽지는 않아서 이번에도 서준이는 몇 번이고 다시 쓰고, 고쳐 쓰기를 반복했다.

며칠 후, 서준이는 작성한 기사를 가지고 이재현 선생님을 찾아갔다. 선생님은 무언가 바쁜 일이 있는지 마침 다급히 교실 문을 열고 나오고 있었다.

"어, 서준아!"

"선생님, 저 기사 써 왔는데요?"

서준이는 기사가 프린트된 종이를 내밀었다.

"아, 그랬구나. 오늘은 좀 바쁜 일이 있어서 지금은 이야기할 시간이 없네. 선생님이 다 읽고 나서 연락할게."

"네."

서준이는 꾸벅 인사를 하고 계단을 내려왔다. 기사도 보여 드리고 선생님과 이야기도 하고 싶어 찾아간 거라 조금 실망스럽기는 했지만, 어쩔 수 없었다.

그리고 그날 저녁, 서준이의 휴대폰에서 메시지 알림이 울렸다.

 서준아, 지난번에 썼던 기사랑 오늘 보여 준 기사 두 개를 선생님 이메일 주소로 보내 줘.

선생님의 메시지였다.

"와!"

서준이는 저도 모르게 소파에서 벌떡 일어나며 비명을 질렀다.

"아, 깜짝이야!"

텔레비전을 보고 있던 누나가 서준이를 흘겨보았다. 그렇지만 서준이는 대꾸도 하지 않은 채 방으로 들어와 컴퓨터 앞에 앉았다. 이메일을 보내는 서준이의 손길이 설렘으로 파르르 떨려 왔다.

목적의식 갖기

꿈을 이루기 위해서는 목적의식이 아주 중요해요. 목적이 있는 삶을 살면, 일상적으로 하는 사소한 선택은 물론이고 크고 중요한 결정을 내릴 때도 우리가 행복해질 수 있는 방향으로 나아가도록 도와준답니다. 다시 말해서 목적의식은 우리의 삶에 방향과 의미를 부여해 주는 것이죠. 어떤 목표를 가지고 있고 어떤 가치를 추구하는지 스스로 잘 알고 있다면 우리의 선택이 더 의미 있어질 거예요.

우리가 잘 아는 소설 《크리스마스 캐럴》 속의 스크루지 영감을 떠올려 볼까요? 스크루지 영감은 크리스마스이브에 과거, 현재, 미래의 영령들을 만남으로써 인생의 방향과 의미를 다시 생각하게 되지요. 그의 이기적인 행동들이 다른 사람들에게 어떤 영향을 끼쳤는지를 되돌아본 후 비로소 그는 삶의 목적을 깨닫게 되고, 결국 이전과는 다른 새로운 삶을 살아가게 돼요.

또한, 목적의식은 우리의 삶을 더 풍요롭게 만들어 줍니다. 내가 지금 하는 일이 왜 중요한지 알고 있다면 그 일에 더욱 집중하고 열정을 쏟을 수 있고, 그만큼 성취감과 만족감도 더 커질 거예요.

마지막으로 목적의식은 힘들고 어려운 시간을 이겨 내도록 도와줘요. 꿈을 이루는 과정에서 어떤 난관이 닥쳐도 내가 지금 하는 일의 목적만 기억한다면 충분히 극복할 수 있지요. 그리고 이러한 과정 속에서 더 큰 행복과 성취감을 느낄 수 있을 것입니다.

▶▶ 여러분이 꿈을 이루려는 목적이 무엇인지 적어 보세요.

탄탄한 고무줄이
되기 위해

ⓔⓔⓔⓔⓔ

며칠 동안 서준이는 엄마, 아빠와 누나의 콩쿠르를 보러 가기도 하고, 재윤이와 함께 삼촌 집에 놀러 가기도 하며 시간을 보냈다. 지난 콩쿠르에서 상을 받지 못해 매일 꾸준히 피아노 연습을 했던 누나는 이번 콩쿠르에서는 금상을 받았다. 그리고 재윤이는 처음으로 삼촌과 같은 편이 되어 게임을 하고는 너무 기뻐 며칠 동안이나 들떠 있었다.

그러는 동안 서준이는 이재현 선생님의 말처럼 주변에 일어나는 일들을 보며 질문을 떠올리곤 했다. 누나의 콩쿠르에 갔을 때는 대상을 받은 형의 연주가 너무 감동적이어서 어떤 생각으로 연주를 했을지, 연습은 얼마나 했을지, 상을 받을 때의 마음은 어땠을지 궁금했고, 삼촌 집에 갔을 때는 게임이 왜 스포츠로 불리는지 궁금해 물어보기도 했다. 삼촌은 게임이 서로 실력을 다투는 경기이며, 규칙에 따라 정정

당당하게 경쟁을 하여 승자와 패자가 나누어진다는 점에서 스포츠와 같다고 이야기해 주었다. 그렇지만 사람과 사람이 직접 맞부딪혀 싸우는 스포츠는 아니기 때문에 e스포츠, 그러니까 전자기기를 이용한 스포츠라는 뜻에서 일렉트로닉(electronic) 스포츠로 분류된다고 알려 주었다. 그러면서 정식으로 인터뷰 요청을 하면 좀 더 자세하고 재미있게 이야기해 주겠다고 약속하기도 했다.

학원 수업이 끝나고 재윤이와 함께 집으로 걸어가고 있는데, 서준이의 휴대폰에서 메시지 알림음이 울렸다.

서준아, 내일 수업 끝나고 우리 교실에 잠깐 들러.

이재현 선생님이었다.

다음 날, 서준이는 수업이 끝난 후 6학년 2반 교실로 갔다.
"서준아, 어서 와."
선생님이 서준이에게 손짓했다. 그리고 신문 한 부를 서준이에게 내밀었다.

"드디어 신문이 나왔어. 배포는 내일부터인데 미리 보고 싶을 것 같아서 불렀지."

"우아!"

서준이는 신문을 받자마자 얼른 펼쳐 보았다. 4페이지로 이루어진 신문에는 서준이가 썼던 두 개의 기사가 모두 실려 있었다. 기사 아래에 '5학년 4반 강서준 기자'라고 쓰여 있는 것을 보자 가슴이 쿵쾅대기 시작했다.

"어때? 기분 좋아?"

"헤헤, 네."

터져 나오는 웃음을 참을 수 없어서 서준이는 손으로 입을 틀어막으며 대답했다.

"천천히 읽어 봐."

서준이는 자기가 쓴 기사를 모두 읽고 다른 기사들도 하나씩 살펴보았다. 그런데 그때, 익숙한 이름이 눈에 보였다.

"어! 선생님, 유찬이도 기사 썼어요?"

유찬이는 작년에 서준이와 같은 반이어서 친하게 지내던 친구였다.

"흠, 좀 전에 유찬이도 신문을 받아 갔거든. 그런데 똑같이 물어보던데? 서준이도 기사를 썼냐고…, 너희 친하구나?"

"네."

"유찬이도 너처럼 나한테 먼저 찾아왔었어. 기사를 잘 쓰고 싶다고…."

"전혀 몰랐어요."

"알았으면 좋았을걸. 유찬이랑 같이 왔으면 처음에 날 만날 때처럼 복도에서 빙빙 돌지도 않았을 텐데…."

선생님이 짓궂게 웃으며 말했다.

"아, 네. 5학년이 돼서는 유찬이랑 잘 만나질 못해서요. 그리고 유찬이는 만날 축구하고, 자전거 타고, 밖에서 노는 걸 좋아해서 기사 쓰는 데 관심 있을 거라고는 생각도 못 했어요."

"아, 그래서 유찬이가 주로 운동장이나 체육관 같은 곳에 관심이 많았구나."

선생님의 말처럼 유찬이가 쓴 기사는 학교 운동장에 관한 것이었다.

"요즘도 기사 쓰는 연습을 하고 있어?"

선생님의 질문에 서준이는 잠깐 생각을 하다가 말했다.

"기사 쓰는 것보다 궁금해하는 연습을 더 많이 해요."

"하하하! 그래? 어떤 걸 궁금해했어?"

서준이는 누나의 콩쿠르에 갔을 때 느꼈던 것들과 삼촌에게 질문했던 내용을 이야기했다.

"음, 정말 열심히 궁금해하는 연습을 했구나."

"그런데요, 혹시 저희 삼촌을 인터뷰해서 기사를 써도 괜찮을까요? 삼촌이 시간을 내준다고 했거든요."

"좋을 것 같은데? 우리 학교 친구들 중에서도 프로게이머가 되고 싶어 하는 친구들이 많으니까…."

"우아, 그럼 다음에는 그걸로 써서 올게요."

서준이는 신이 나서 큰 소리로 말했다.

"그래. 다음에는 유찬이랑 같이 와도 돼. 둘이 따로따로 오는 것보다 나도 그게 좋아."

"네! 안녕히 계세요!"

서준이는 신문을 가슴에 고이 품고 집으로 향했다. 엄마, 아빠, 누나한테 자랑할 생각에 자꾸만 웃음이 나왔다.

그렇지만 가족들에게 할 자랑은 잠깐 미뤄 두어야 했다. 집에 와 보니 아무도 없었다. 그리고 보니 엄마와 아빠는 모두 오후에 출근을 한다고 했고, 누나는 학교에서 늦는 모양이었다.

서준이는 신문을 책상 위에 조심스럽게 올려 두고 휴대폰을 꺼냈다. 그리고 유찬이의 번호를 찾아 전화를 걸었다.

"유찬아, 너 학교 신문에 기사 썼다며?"

마음이 급했던 서준이가 인사도 건너뛰고 곧장 물었다.

"응. 너도 썼잖아."

"난 네가 만날 축구하고, 자전거 타고 다니고 그래서 기사 같은 걸 쓸 줄은 상상도 못 했어."

"푸하하, 야, 내가 언제 만날 축구하고 자전거만 탔냐?"

"다른 것도 했다고?"

"아, 생각해 보니까 그걸 제일 많이 하긴 했네. 하여튼 축구하고 자전거 타다가 기사 써야겠다는 생각을 한 거야. 운동장이 움푹 파여서 비 오면 물이 고이고 그러니까 놀기 힘들어서…."

"응. 기사 읽어 봤어. 잘 썼던데?"

"너도 잘 썼더라."

유찬이와 서준이는 서로에게 칭찬을 건네며 훈훈하게 통화를 이어 갔다.

"아 참, 선생님이 다음에는 같이 오라고 하시던데?"

"너도? 나한테도 그러셨는데?"

"그럼 다음 기사 다 쓰면 꼭 만나서 같이 가자."

"와, 진짜 잘 써야 되겠다. 안 그러면 완전 창피하겠는데?"

"큭큭, 그럼 전화 끊고 얼른 기사 쓰자. 나도 더 잘 써 봐야겠어."

"그래. 다 쓰고 나면 전화할게!"

서준이는 전화를 끊고 컴퓨터를 켰다. 그리고 삼촌에게 어떤 걸 질문해야 할지 찾아보기 시작했다. 유찬이와 이야기를 하고 보니 마음이 더 급해졌다.

그렇게 한참을 검색창과 씨름하고 있는데 문이 열리는 소리가 들렸다. 엄마나 아빠인 줄 알았는데, 놀랍게도 문을 열고 들어온 사람은 삼촌이었다.

"어? 삼촌!"

서준이는 깜짝 놀라 벌떡 일어섰다.

"오늘 엄마랑 아빠가 많이 늦으시나 봐. 너하고 혜준이 저녁식사 부탁한다고 그러시던데?"

"우아, 잘 오셨어요."

서준이는 얼른 신문을 꺼내 들었다.

"삼촌, 학교 신문에 제 기사가 실렸어요!"

"오, 그래?"

삼촌은 활짝 웃으며 신문을 받아들었다. 삼촌이 신문을 읽는 동안 서준이는 삼촌의 반응을 살폈다.

"멋지다. 정말 잘 썼어!"

"후우, 다행이다. 헤헤."

서준이는 가슴을 쓸어내리며 신문을 다시 받아 책상 위에 올려놓았다.

"잘할 줄 알았어."

삼촌은 서준이의 머리를 쓰다듬었다.

잠시 후, 누나가 들어오더니 서준이와 마찬가지로 삼촌을 보고 깜짝 놀라 외쳤다.

"어? 삼촌! 삼촌이 왜?"

"너희들 저녁 먹이려고 왔지."

삼촌과 서준이, 누나는 함께 근처에 있는 피자 가게로 향했다. 피자와 스파게티를 함께 먹으며 이야기를 나누다 서준이가 인터뷰 얘기를 꺼냈다.

"제가 선생님께 삼촌을 인터뷰하겠다고 했거든요. 선생님이 좋다고 하셨어요. 그러니까 삼촌은 인터뷰를 해주셔야 돼요."

"으잉? 해달라는 게 아니라 해줘야 된다고?"

서준이는 고개를 끄덕였다.

"네. 제가 기사를 쓰게 만든 사람이 삼촌이잖아요. 그러니까 해주셔야죠."

"아니, 기사를 쓰고 싶었던 건 너잖아. 왜 나한테 그래?"

삼촌이 어이가 없다는 듯 어깨를 들썩였다.

"그럼 설마 안 해주시겠다는 거예요? 조카의 꿈과 희망을 짓밟으실 거예요?"

서준이가 눈을 치켜뜨며 애교스럽게 웃었다.

"아니, 해줄 거야. 해줄 건데…."

삼촌의 말에 누나가 서준이를 흘겨보았다.

"하여튼 억지는…. 삼촌이 넘어가셨네요."

"그런 것 같다. 아, 자존심 상해."

삼촌은 포크를 내려놓으며 너스레를 떨었다.

"헤헤헤, 주말에 재윤이랑 갈게요. 마음의 준비 단단히 하세요. 제가 질문을 엄청 잘 준비할 거거든요."

"그래. 어디 한번 기대해 보겠어."

저녁 식사를 마친 후, 삼촌은 서준이와 누나를 데려다주고 삼촌 집으로 갔다. 서준이는 방으로 들어가 인터넷 검색을 하며 삼촌에게 할 질문을 준비했다.

"어? 삼촌, 꼭 이렇게까지 해야 돼요?"

재윤이와 함께 삼촌 집에 간 서준이는 이전과는 달리 깔끔하게 정리된 거실 모습에 눈이 휘둥그레져 물었다.

"인터뷰라며? 사진도 찍고 그럴 거 아니야?"

그러고 보니 늘 부스스하던 삼촌이 오늘은 옷도, 머리도 유난히 단정했다.

"그러긴 할 건데, 이건 뭔가 너무 어색해요."

"서준아, 인터뷰할 때는 난 널 기자로 대할 거야. 난 원래 기자 만날 땐 이렇게 해."

삼촌은 팔을 쭉 펼치며 말했다.

"와우, 오늘 진짜 재미있겠다."

재윤이는 키득거리며 소파의 한쪽 자리를 차지하고 앉았다.

"그럼 시작해 볼까?"

서준이는 쭈뼛거리며 자리에 앉아 준비했던 수첩과 연필을 꺼냈다.

"음, 다 아는 얘기지만, 전에 게임 잘해서 대학교에 갔다고 한 얘기요, 그거 짧게 한 번 더 얘기해 주세요. 조금 까먹어서…, 헤헤."

삼촌은 대답 대신 서준이를 한참 쳐다보았다.

"왜… 그러세요?"

"아니 내가 오늘 인터뷰를 위해서 얼마나 준비했는지 보이지 않니? 그러면 너도 좀 진지하게 해줘. 진짜 인터뷰하는 것처럼…."

"아, 네."

서준이는 자세를 고쳐 앉으며 다시 질문했다.

"게임을 잘해서 대학교에도 갈 수 있었다고 들었는데, 프로게이머가 되기까지의 이야기가 궁금합니다."

"난 어릴 때부터…,"

삼촌은 예전에 해주었던 이야기를 다시 한번 짧게 정리해서 들려주었다. 아주 진지한 표정과 목소리로….

게임 이야기에서부터 이루고 싶은 목표를 향해 단 하나의 일에 집중해 왔던 이야기까지 서준이와 삼촌의 인터뷰는 꽤 오랜 시간 동안 계속되었다. 모든 인터뷰가 끝나고 사진까지 찍고 나자 삼촌이 다급히 방으로 들어가며 말했다.

"아으, 답답해. 나 옷부터 좀 갈아입고 올게."

서준이와 재윤이는 그런 삼촌의 모습에 큰 소리로 웃음을 터뜨렸다.

"재윤이하고는 오늘 얘기를 많이 못 했네. 요즘 어떻게 지내? 예선대회가 얼마 안 남았지?"

삼촌 집 근처 패밀리 레스토랑에서 밥을 먹으며 삼촌이 재윤이에게 물었다.

"네. 그래서 열심히 연습하고 있어요. 본선에 꼭 올라가고 말 거예요."

입을 앙다물며 야무지게 말하는 재윤이를 보며 삼촌은 흐뭇하게 웃었다.

"서준이는 다음 신문 언제 나오는 거야?"

"한 달에 한 번 나오니까, 다음 달에 나올 거예요."

"그런데 서준아, 신문에 처음 기사가 나왔을 때 기분이 어땠어?"

"정말 좋았죠. 잘난 척한다고 할까 봐 다른 애들한테 자랑은 못 했지만, 마음속으로는 정말 막 떠들고 다니고 싶었어요."

생각만 해도 기분이 좋은지 서준이의 얼굴에서 웃음이 떠나지 않았다. 삼촌은 서준이와 재윤이를 번갈아 바라보며 물었다.

"너희들, 나와 '단 하나의 일'에 대해서 이야기하고 나서 뭐가 가장 많이 달라졌다고 생각해?"

"저는 별로 달라진 게 없어요. 원래도 게임을 제일 많이 했거든요. 헤헤."

재윤이가 먼저 말했다.

"아, 저는 방과 후 수업이랑 피아노 학원을 그만뒀어요. 또 친구들 만나서 노는 시간도 좀 줄어들었어요. 작년에는 유찬이랑 태민이랑 축구도 하고 엄청 놀았거든요."

"그게 후회되거나 아쉽거나 그렇지는 않아?"

서준이는 단번에 고개를 저었다.

"아니요. 그냥 기사를 쓰는 게 재미있어서 이것저것 잘하고 싶었던 생각도 이제는 별로 없어요."

"그래? 우리 서준이 다 컸네."

"네에?"

서준이가 인상을 찌푸리다가 재윤이에게 말했다.

"우리 삼촌은 내가 아직 아기인 줄 안다니까!"

"어휴, 알았어, 알았어. 얼른 먹어."

삼촌이 고개를 끄덕거리며 크게 웃었다.

삼촌과 인터뷰를 마치고 집에 온 서준이는 가장 먼저 유찬이에게 전화를 걸었다.

"와, 좋겠다. 나는 아직 시작도 못 했는데…."

유찬이가 부러움이 잔뜩 담긴 목소리로 말했다.

"그래도 뭘 쓰고 싶은지 생각해 둔 게 있을 거잖아."

"난 이번에도 우리 학교에서 고쳐야 할 점이 뭔지 찾아서 써 보고 싶거든. 이번 운동장에 관한 기사를 우리 반 애들이 엄청 좋아하는 거야. 자기들도 불만이 많았다고 하면서…."

"그래? 그럼 학교를 돌아다니면서 뭐 쓸 거 없나 찾아보면 되지 않을까?"

"그게… 혼자서 하려니까 좀 심심해. 너 혹시 나랑 같이 좀 할래?"

"그래. 수업 끝나고 만나서 찾아보자."

"와! 땡큐!"

다음 날 서준이는 수업이 끝나자마자 유찬이의 교실 앞으로 갔다.

"서준아!"

교실 문을 나오던 유찬이가 복도가 떠나가라 서준이의 이름을 외쳤다.

"야, 왜 그래? 부끄럽게…."

"헤헤, 작년 생각난다. 우리 항상 이렇게 붙어 다녔잖아."

서준이와 유찬이는 학교를 돌아다니며 불편한 곳이 없는지 찾아보기 시작했다. 그렇지만 딱히 눈에 들어오는 부분이 없었다.

"아, 우리 학교 너무 좋다. 취재할 게 없는 것 같은데?"

2층 복도에서 서준이가 걸음을 멈추며 말했다.

"하아, 정말 뭘 써야 될지 모르겠어."

"그렇다고 없는 걸 만들어서 쓸 순 없잖아."

"그렇지."

유찬이는 풀 죽은 목소리로 고개를 끄덕였다.

"일단 좀 쉬자."

서준이가 복도 한쪽 끝에 있는 휴게 공간 의자를 가리켰다. 유찬이도 고개를 끄덕였다.

의자에 앉아 창밖을 보니 운동장에서 아이들 몇 명이 축구를 하고 있었다. 서준이와 유찬이는 한참 동안 축구하는 아이들을 바라보았다. 그런데 그때, 한 아이가 공을 쫓아가다 미끄러져 넘어졌다.

"으악!"

서준이와 유찬이가 동시에 외치다가 웃음을 터뜨렸다.

"이야, 작년에 너 넘어졌을 때 생각난다. 넌 쟤보다 더 웃기게 넘어졌는데…."

"야, 그 얘기는 하지도 마. 진짜 아파 죽겠는데, 다들 웃어서 내가 얼마나 속상했는지 알아?"

"우리는 네가 그렇게 심하게 다쳤는지 몰랐지."

그때 유찬이는 발목을 크게 다쳐서 한동안 깁스를 하고 다녔었다.

"진짜 그때 목발 짚고 다니느라 내가 얼마나…."

유찬이가 말을 하다 말고 갑자기 뒤로 돌더니 복도를 한 바퀴 돌아보았다.

"아, 생각났다!"

"뭐가?"

"기사 쓸 거…."

"응? 뭔데?"

"나 그때 다쳤을 때, 잠깐씩 화장실 갈 때도 목발을 짚어야 해서 엄청 힘들었거든. 그래서 복도나 화장실에 손잡이 같은 게 있으면 좋겠다고 생각했단 말이야. 그걸 기사로 써야겠어."

"오, 그거 좋다. 4학년에 휠체어 타는 아이도 있잖아. 몸이 불편한 친구들은 정말 많이 힘들 것 같아."

"얼른 가자. 잊어버리기 전에 써야지."

유찬이가 가방을 메고 앞장서 걸어갔다.

그 후로도 서준이와 유찬이는 수업이 끝난 후에 거의 매일 만나 기사 이야기를 하며 기삿거리를 찾아다녔다. 원래도 친한 사이였지만 학교 신문에 함께 기사를 쓴다는 공통점이 생겨서 그런지 유찬이와 만날 때면 서준이는 정말 기분이 좋았다.

그러던 어느 날이었다. 저녁을 먹고 있는데 휴대폰에서 메시지 알림음이 울렸다.

"어? 태민이다."

서준이는 숟가락을 내려놓고 메시지를 확인했다. 꽤 긴 내용의 메시지였다.

"서준아, 표정이 왜 그래?"

마주 앉아 밥을 먹던 아빠가 서준이의 얼굴을 살피며 물었다.

"아, 그게…. 태민이가 화가 났나 봐요."

"왜?"

"제가 요즘 유찬이하고 자주 어울렸거든요. 태민이가 그걸 보고 서운했나 봐요. 작년에는 우리 셋이 계속 붙어 다녔는데, 왜 자기만 빼놓고 다니냐고…."

"잘못했네. 왜 친구를 빼놓고 다녀?"

누나가 퉁명스럽게 말했다.

"그거야 유찬이는 학교 신문 기사도 같이 쓰고, 이재현 선생님한테 같이 갈 일도 많으니까…."

서준이는 변명이라도 하듯 말을 얼버무렸다.

"그럼 이제부터 유찬이 만날 땐 태민이한테도 얘기해서 같이 만나면 되겠네."

아빠가 별일 아니라는 듯 심드렁하게 말했다.

"그게, 유찬이랑은 기사 때문에 할 이야기가 많은데, 태민이는 기사를 안 쓰니까…."

"그러면 기사 말고 다른 얘기 하면 되지. 작년에는 붙어 다니면서 같이 놀았다며?"

누나의 말에 서준이가 발끈하며 말했다.

"난 요즘 기사 쓰는 게 제일 중요하단 말이야. '단 하나의 일'에 집중하고 있다니까!"

"어휴 답답해! 너 삼촌한테 고무줄 얘기 못 들었어?"

누나가 목소리를 높였다.

"밥 다 먹고 얘기해라."

아빠가 서준이와 누나를 번갈아 쳐다보며 낮은 목소리로 말했다. 서준이와 누나는 서로를 노려보다가 아무 말 없이 밥을 먹었다.

밥을 먹고 나서 설거지를 마친 아빠가 말없이 텔레비전만 보고 있는 서준이와 누나를 보며 말했다.

"혜준아, 너 아까 서준이한테 했던 그 얘기가 뭐야? 고무줄?"

"삼촌이 고무줄 얘기를 해준 적이 있거든요."

"그럼 지금 해줘."

누나는 방으로 들어가서 종이 한 장과 연필, 고무줄을 가지고 나오더니 서준이 앞에 쭉 늘어놓았다.

"자, 잘 봐."

누나는 고무줄을 쭉 늘였다가 다시 놓았다.

"고무줄도 탄탄한 고무줄이 있고 늘어진 고무줄이 있잖아. 탄탄한 고무줄은 이것처럼 쭉 늘여도 금세 제자리로 돌아오지만 늘어진 고무줄을 쭉 늘이면 천천히 제자리로 돌아오거나, 아예 늘어진 채로 있단 말이야."

"아니 그게 무슨 너무 당연한 말이야?"

서준이가 코웃음을 쳤다.

"서준아, 누나 얘기 잘 들어 봐."

아빠가 서준이의 다리를 손으로 톡톡 두드렸다. 서준이는 떨떠름한 표정으로 자세를 고쳐 앉았다.

"넌 탄탄한 고무줄이 되고 싶어, 아니면 늘어진 고무줄이 되고 싶어?"

"하아, 내가 왜 고무줄이 되어야 하는지 잘 모르겠는데, 하여튼 고무줄이 된다고 하면, 늘어진 고무줄이 되고 싶은 사람이 어디 있어? 당연히 탄탄한 고무줄이 되고 싶지."

서준이의 말을 들은 누나가 종이에 연필로 직선 하나를 쭉 그었다.

"이 선이 지금 네가 집중하는 하나의 일이야."

누나는 직선 위에 '기사'라고 썼다. 직선의 양옆에 '친구', '취미', '휴대폰', '컴퓨터', '휴식'을 군데군데 적었다.

"그리고 이건 네가 꼭 집중해야 하는 일은 아니지만 일상생활에서 언제든 너와 관련되어 있는 일들이야. 어쩌면 네가 즐겁게 지내기 위해서 꼭 필요한 일일 수도 있어."

"그렇지만 삼촌은 하나의 일에 집중하는 게 중요하다고 했는데? 그래야 목표를 이룰 수 있다고…."

누나가 서준이의 말을 자르며 직선을 가리켰다.

"그러니까 그게 여기 있잖아."

그러더니 이번에는 군데군데 적어 놓은 단어들을 콕콕 짚었다.

"넌 단 하나의 일을 위해서 이것들은 다 포기해도 괜찮은 거야?"

"그건 아니지."

서준이는 고개를 절레절레 저었다. 누나는 직선과 단어 사이에 선을 그었다. 그러고는 그 선 위에 고무줄을 올려놓았다.

"이 선이 고무줄이야."

"으응? 무슨 소리야?"

"그러니까 이 직선과 이 단어들 사이가 고무줄로 연결되어 있다고 생각해 보란 말이야. 만약에 이 고무줄이 늘어져 있으면 넌 친구나 취미, 휴대폰 등등에 시간을 보내느라 네가 정말 집중해야 할 일에 느릿느릿 돌아오거나, 아예 돌아오지 못할 수도 있어."

누나는 직선과 단어 사이의 고무줄을 쭉 늘이며 말했다.

"그렇지만 이 고무줄이 탄탄하다면 친구들과 재미있게 놀고, 취미도 즐기고, 휴대폰도 하다가 또다시 네가 집중해야 할 일로 빨리 돌아올 수 있는 거지."

누나가 단어 쪽 고무줄을 잡고 있던 손을 놓았다. 그러자 고무줄은 '팅!' 하는 소리와 함께 직선 쪽으로 튕겨 돌아왔다.

"삼촌은 나한테 '친구도 없고, 즐거움을 주는 것도 없이 하나의 일에만 집중하는 건 너무 힘들잖아.'라고 말씀하셨어. 이 고무줄을 탄탄하게 할지, 늘어지게 할지는 네 마음이니까 알아서 잘 생각해 봐."

누나는 종이와 연필, 고무줄을 다시 챙겨 들고 일어섰다.

"저는 이제 피아노 연습해야 돼요."

누나가 방으로 들어가자 아빠가 서준이를 바라보았다.

"어때? 누나가 무슨 말을 하는지 잘 알겠어?"

"그러니까 친구들이랑 놀거나 취미생활을 하는 건 상관없는데, 다시 하나의 일로 얼른 돌아와야 한다는 거죠?"

아빠가 고개를 끄덕였다.

"그러니까 누나 말은 태민이가 서운해하지 않게, 그러면서도 네가 하고 싶은 일에 집중할 수 있게 시간을 잘 나누어 보라는 말 같은데?"

서준이는 곰곰이 생각하며 고개를 천천히 끄덕였다.

생각해 보기 07

시간 배분 잘하기

여러분이 목적의식을 가지고 단 하나의 행동에 집중하다 보면 다른 일들에 소홀해질 수도 있어요. 예를 들면, 친하게 지내던 친구와 멀어질 수도 있고, 좋아하던 취미도 예전만큼 즐기지 않게 될 수 있어요. 이 외에도 '단 하나' 때문에 다른 필요한 경험들을 못 하게 되는 것이 아닌가 걱정이 되기도 하죠.

이럴 때 필요한 것이 우선적인 '시간 확보'예요. 여러분이 해야 할 단 한 가지의 일에 집중할 수 있는 시간을 필요한 만큼 충분히 확보하는 것이죠. '단 하나'에 집중하는 데 필요한 시간이 하루에 4시간이라고 한다면, 그 4시간은 반드시 확보해 두는 거예요.

다음으로 중요한 것은 '휴식 시간'이에요. 어떤 분야든 성공한 사람들은 일하는 시간만큼 휴식 시간을 지키고 잘 활용할 줄 아는 사람들이었어요. 한 가지에 집중하는 시간만큼 여러분의 몸과 마음이 편안하게 쉴 수 있는 시간도 중요하기 때문이죠. 휴식 시간이라고 해서 아무렇게나 보내는 것은 좋지 않아요. 신체의 건강은 물론 두뇌와 정신에도 도움이 되는 활동을 하도록 노력해야 합니다.

그런 다음 나머지 시간을 여러분이 하고 싶은 일 또는 해야 하는 다른 일들에 적절히 배분해 보세요. 이런 식으로 어떤 일을 할 때 우선순위를 정하다 보면 '집중해야 할 단 한 가지' 일과 다른 일들 사이에서 탄력적으로 균형을 유지할 수 있답니다.

▶▶ **내가 해야 할 단 한 가지 일을 하는 시간(최소 4시간)을 정해서 아래에 적어 보세요.**
(매일 일정한 시간을 정해 놓는 것이 가장 좋습니다.)

(예) 매일 오후 4시~6시, 저녁 8시~10시

▶▶ **나머지 시간을 잘 배분하여 언제 무엇을 하면서 완전한 휴식 시간을 가질지 적어 보세요.**

휴식 시간: (예) 매주 토요일과 일요일 오후 1시~6시

휴식 활동: (예) 공원에서 자전거 타기, 반려견과 산책하기, 가족과 캠핑 가기

나만의 '목표'
도미노 세우기

다음 날, 서준이는 학교에 가자마자 태민이네 반을 찾아갔다.

"태민아!"

교실 뒷문에 달라붙어 태민이를 부르자, 태민이가 후다닥 뛰어나왔다. 그런데 막상 뒷문 앞에서 마주 선 서준이와 태민이는 괜히 어색해서 아무도 먼저 말을 꺼내지 못했다.

"저기 있잖아…."

서준이가 말꼬리를 늘이자 태민이가 서준이를 바라보았다.

"내가 유찬이랑만 놀려고 그런 게 아니고, 학교 신문 기사 쓰는 것 때문에 요즘 좀 자주 만났어."

"야, 그럼 그렇다고 나한테 미리 말 좀 해주지."

태민이가 아직도 서운한 듯 입을 삐죽 내밀며 말했다.

"아, 미안해. 그렇지만 정말 일부러 그런 건 아니야."

태민이가 고개를 끄덕였다.

"나도 일부러 그런 거라고는 생각 안 했는데, 그냥 좀….''

태민이는 바닥을 내려다보며 말꼬리를 흐렸다. 그때 서준이가 뭔가 생각난 듯 말했다.

"태민아, 너 좀 있으면 생일이잖아."

"응. 다음 주….''

"그때 우리 유찬이랑 셋이서 놀자."

"셋이서?"

"응. 우리 작년 네 생일에 진짜 재미있게 놀았잖아."

"맞아."

태민이가 입꼬리를 씰룩거렸다.

"그리고 오늘부터는 자주 연락할게. 유찬이랑도 만날 너하고 같이 놀았던 얘기만 한단 말이야."

"쳇!"

태민이가 웃으며 눈을 흘겼다.

"그럼 난 간다. 생일 기대하라고!"

서준이는 손을 흔들고 뒤돌아 교실로 향했다. 어제저녁부터 마음속에 남아 있던 찜찜함이 확 날아간 것 같았다.

 으하하하! 나 3위로 예선 통과했다!

삼촌과의 인터뷰 기사를 쓰느라 컴퓨터 앞에서 낑낑대고 있을 때, 재윤이로부터 문자 메시지가 왔다.

> 와! 축하해! 난 될 줄 알았어. 정말 축하한다!

서준이는 혼자서 히죽히죽 웃으며 축하 메시지를 보냈다. 재윤이가 얼마나 열심히 연습했는지 알기 때문에 꼭 자신의 일인 것처럼 기분이 좋았다.

서준이는 마음을 다잡고 모니터 화면을 바라보았다. 재윤이가 잘 해내고 있는 것처럼 서준이도 꼭 잘 해내고 싶었다. 그래서 몇 번이고 고치고, 또 고치며 열심히 기사를 작성했다.

며칠이 지나고, 현관과 복도의 곳곳에 두 번째 학교 신문이 놓였다. 서준이는 아이들의 반응이 궁금해 쉬는 시간이나 점심시간에 괜히 복도를 서성였다.

"우아! 안준호다!"

"대박! 안준호 인터뷰?"

게임을 좋아하는 아이들은 깜짝 놀라며 신문을 집어 들었다. 서준이는 겉으로 아무렇지 않은 척했지만, 마음은 하늘을 날아갈 것처럼 신이 났다.

주말이 되자 서준이와 재윤이는 삼촌 집으로 향했다. 이번 주에 꼭 오라는 삼촌의 당부 때문이었다. 삼촌은 커다란 케이크를 테이블 위에 올려 두고 아이들을 기다리고 있었다.

"재윤이 예선 통과랑 서준이 학교 신문 기자 된 걸 축하해 주려고 오라고 했지."

삼촌은 케이크 초에 불을 붙이며 말했다. 그런데 막상 촛불을 켜고 보니 뭘 해야 할지 알 수가 없었다. 생일이 아니니 노래를 부르거나 소원을 빌기도 이상해서 모두 타오르는 초만 바라보고 있었다.

"둘이 얼른 촛불 꺼. 어서 케이크나 먹자."

삼촌의 말에 서준이와 재윤이는 어리둥절해하며 촛불을 불어서 껐다.

"선물도 있지."

삼촌은 테이블 아래에서 똑같이 생긴 상자 두 개를 꺼냈다. 그리고 서준이와 재윤이에게 하나씩 나누어 주었다.

"이게 뭐예요?"

서준이는 잔뜩 들뜬 목소리로 상자를 열어 보았다. 상자 안에는 도무지 어디에 쓰는 것인지 알 수 없는, 크기가 제각각인 플라스틱 조각들이 들어 있었다.

"잘 봐."

삼촌은 플라스틱 조각들을 꺼내 거실 바닥 위에 크기 별로 줄을 세웠다.

"아, 도미노!"

서준이와 재윤이가 입을 모아 외쳤다.

"삼촌, 이게 뭐예요….”

서준이는 이내 입이 삐죽 나왔다.

"아니, 표정이 왜 그래? 너무 감동한 거야?"

삼촌은 서준이의 얼굴을 보며 짓궂게 웃었다.

"도미노가 선물일 줄은 상상도 못 했어요."

툴툴대는 서준이 옆에서 재윤이는 아무 말도 하지 않고 그저 도미노만 바라보고 있었다.

"하아, 이것 참…, 그렇다면 이제 내가 비밀의 방을 열어 줘야겠네."

삼촌은 작은방 쪽으로 뚜벅뚜벅 걸어갔다.

"비밀의 방이요?"

서준이와 재윤이는 쪼르르 삼촌 뒤를 따라갔다.

삼촌이 작은방 문을 열자 서준이와 재윤이의 눈이 휘둥그레졌다.

"우아, 이게 다 뭐예요?"

작은방 벽은 책과 트로피로 가득 차 있었고, 한가운데 놓인 테이블 위에는 도미노가 죽 세워져 있었다. 도미노에는 투명 플라스틱으로 만들어진 덮개가 씌워져 있었다.

"와서 자세히 봐도 돼."

삼촌이 서준이와 재윤이에게 손짓했다. 둘은 도미노에 가까이 다가갔다. 맨 앞의 작은 도미노부터 맨 뒤의 큰 도미노까지, 각각의 도미노에는 글자가 적혀 있었다.

"삼촌은 어릴 때부터 도미노에 이렇게 적어 오셨던 거예요?"

재윤이가 맨 앞의 도미노를 가리키며 묻자 삼촌은 고개를 저었다.

"아니야. 도미노를 세우기로 마음먹은 건 대학교를 졸업하고 나서였고, 앞쪽 도미노는 예전 기억을 되살려서, 그때 내가 집중하고 있던 단 하나의 일을 떠올려서 적어 놓은 거야."

"아, 그렇구나."

서준이와 재윤이는 도미노에서 눈을 떼지 못했다.

"그런데요, 삼촌. 우리도 삼촌이 주신 도미노로 이렇게 만들어야 하는 거예요?"

서준이가 삼촌을 바라보며 물었다. 이번에도 삼촌은 고개를 저었다.

"아니, 너희는 그냥 가지고 놀면 돼. 그래도 가지고 놀면서 이 도미노를 한 번쯤 생각해 주면 좋겠지?"

"그런데 이 도미노는 테이블에 붙여 놓으신 거예요? 아니면 그냥 세워 놓으신 거예요?"

재윤이가 물었다.

"그냥 세워 둔 거야."

"그럼 언제든 쓰러뜨릴 수도 있는 거네요?"

재윤이의 질문에 삼촌이 고개를 끄덕였다.

"언제 쓰러뜨리실 거예요?"

"글쎄, 마지막 도미노에 적힌 목표까지 모두 이루고 나면 그땐 멋지게 쓰러뜨려야지. 아주 큰 소리가 나게…."

"와, 멋지다!"

재윤이가 손뼉을 치며 도미노에서 눈을 떼지 못했다.

케이크를 먹고, 수다를 떨고, 재윤이와 삼촌이 게임 하는 걸 구경까지 하고 나니 어느새 날이 저물었다.

집에 온 서준이는 삼촌에게서 받은 도미노를 펼쳐 보았다. 그리고 작은 도미노 몇 개를 나란히 세웠다가 쓰러뜨리기를 반복했다. 그때였다. 서준이의 휴대폰에서 메시지 알림음이 울렸다.

안녕? 난 5학년 1반 오찬우야.
전에 마술부 수업할 때 동전 마술 했었는데,
기억 나? 네 번호는 태민이한테 물어봤어.
태민이랑 같은 태권도장 다니거든.
부탁할 게 하나 있는데, 마술부가 다음 주에
근처 어린이집에서 마술 자원봉사를 하려고 하거든.
그거 기사로 써줄 수 있어?

서준이는 눈을 비비며 메시지를 여러 번 다시 읽어 보았다. 기사를 써 달라는 연락을 받다니…, 정말로 누군가에게 기자로 인정을 받은 것 같아 마음이 벅차올랐다.

안녕? 이렇게 연락 줘서 정말 고마워.
기사는 당연히 쓸 수 있지.
봉사 가는 날짜랑 시간 알려 주면 취재하러 갈게.

서준이는 한 글자, 한 글자 신경 써서 입력하고 난 후, 널브러져 있는 도미노를 한참 동안 바라보았다. 그리고 학교 신문 기자 일에 신나게 집중하고 있는 지금, 자신의 모습은 어떤 도미노일지 생각해 보았다. 서준이는 가장 작은 도미노 하나를 집어 들었다. 아마도 지금의 서준이는 딱 이 맨 앞의 가장 작은 도미노일 것 같았다. 그렇다면 그 다음 도미노는 무엇일까? 한참을 생각하던 서준이는 예전에 삼촌이 내준 숙제를 하기 위해 목표를 적어 두었던 노트를 펼쳐 보았다. 거기에서 '어린이 기자단에 지원하기'라는 목표가 눈에 훅 들어왔다.

며칠이 지나고 태민이의 생일이 되었다. 서준이는 수업이 끝난 후, 득달같이 집으로 달려가 가방을 내려놓고 약속 장소인 태민이네 아파트 놀이터로 갔다. 거기엔 이미 유찬이와 태민이가 와 있었다.

셋은 근처에 있는 큰 공원으로 가서 공공자전거도 타고, 연도 날렸다. 셋 다 집이나 PC방에서 노는 것보다 밖에서 뛰어노는 걸 더 좋아했다. 셋은 한참을 놀다가 태민이네 집에 우르르 몰려가서 태민이 부모님이 준비해 두신 저녁과 케이크를 먹고 집으로 돌아왔다. 서준이는 오랜만에 신나게 뛰어놀다가 집에 오니 몸이 축 늘어질 정도로 피곤했지만 기분은 정말 좋았다.

마술부 아이들이 자원봉사를 가는 날, 서준이와 유찬이, 태민이는 마술부 교실로 향했다. 기사는 서준이가 쓰는 것이었지만 유찬이와 태민이는 마술부 아이들을 도와주기도 하고 공연하는 걸 보고 싶다며 허락을 받아 함께 가게 되었다.

마술부 친구들과 서준이, 유찬이, 태민이는 준비물을 챙겨 어린이집으로 향했다. 어린이집 아이들이 잔뜩 기대를 하는 가운데 마술이 시작되었다. 다른 사람에게 마술을 보여 주는 게 처음인 마술부 친구들은 엄벙덤벙 실수를 하기도 하고, 중간중간 멍하니 서 있기도 했지만 시간이 흘러 긴장이 풀리자 점점 제 실력을 발휘했다. 마술을 하는 동안 서준이는 사진도 찍고, 메모도 하며 열심히 취재를 했다.

"찬우 진짜 잘하지 않았냐? 아이들이 정말 신기해하던데?"
"다른 애들도 잘했어. 나도 마술 좀 배워 볼까?"

　　공연을 마치고 집으로 가는 길, 태민이와 유찬이가 잔뜩 흥분하며 공연 이야기를 늘어놓았다.

　　"서준이 너는 기사 쓸 거 진짜 많겠다."

　　유찬이가 약간은 부러운 듯 서준이를 바라보았다.

　　"너는 이번에는 어떤 걸 기사로 쓸 생각이야?"

　　서준이가 묻자 유찬이가 자신만만하게 말했다.

　　"너 민혁이 알지?"

서준이가 고개를 끄덕였다. 민혁이도 작년에 같은 반이었던 친구였다.

"민혁이 동생 민준이가 운동장에서 축구를 하고 있었는데, 5학년 애들이 가라고 했대. 자기들이 운동장을 써야 한다고…. 그래서 집에 가서 울었대."

"정말?"

서준이와 태민이가 깜짝 놀라 외쳤다.

"그래서 방과 후 운동장 사용에 대해서 써 볼까 해."

"5학년 누구지? 나쁜 애늘이네."

태민이가 인상을 찌푸렸다.

"그렇지만 민준이 같은 저학년 아이들은 수업이 일찍 끝나니까, 먼저 와서 운동장을 차지하고 있으면 5학년 애들이 운동장에서 축구를 할 수 없잖아. 가라고 한 건 너무 했지만, 난 5학년 애들도 이해가 되는데?"

서준이가 반대 의견을 내놓았다.

"맞아. 그러니까 서로 다투지 않고 운동장에서 맘껏 놀 수 있는 방법을 생각해 달라고 기사를 써 보려고…."

유찬이의 말에 서준이와 태민이가 고개를 끄덕였다.

"너희들 정말 열심히 하네. 나중에 진짜 기자가 되려고 그러는 거야?"

태민이가 서준이와 유찬이를 번갈아 쳐다보며 물었다.

"기자가 되고 싶기는 하지. 뭘 해야 기자가 될 수 있을지는 잘 모르겠지만…."

유찬이가 말꼬리를 흐렸다. 그때 서준이가 유찬이에게 고개를 휙 돌리며 물었다.

"유찬아, 우리 어린이 기자단에 지원해 볼래?"

"어린이 기자단? 그게 뭐야?"

서준이는 유찬이에게 어린이 기자단에 대해 설명했다.

"와, 그거 어려울 것 같은데."

이야기를 함께 듣던 태민이가 고개를 저었다.

"맞아. 쉽지는 않을 거야. 주제에 맞게 기사도 써야 해. 세금이나 통일, 뭐, 그런 내용으로…."

서준이의 말에 이번에는 유찬이가 고개를 휙 돌려 서준이를 바라보았다.

"서준아, 우리 이재현 선생님께 가서 여쭤보자. 선생님이라면 잘 알려 주실 것 같아."

"아, 그럴까?"

서준이와 유찬이의 눈빛이 동시에 반짝 빛났다.

생각해 보기 08

목표 도미노 세우기

여러분만의 '목표 도미노'를 만들어 보세요. 목표 도미노는 목표를 잊지 않으면서 목표를 이루기 위한 단 하나에 집중할 수 있도록 도와줄 것입니다. 이 도미노를 차례로 하나하나 연결해서 세워 나가면 결국 지금 당장 할 수 있는 '단 하나'를 찾아 실천할 수 있습니다.

다음의 빈칸을 반복해서 채워 보세요. 처음에는 일주일에 한 번씩 작성하고, 어느 정도 목표가 분명해졌다면 한 달에 한 번씩 검토하고 수정해 보도록 하세요.

▶▶ **다음과 같이 목표 도미노를 만들어 보세요.**

최종의 목표	결국 내가 하고 싶은 단 하나는 무엇인가?
5년의 목표	최종 목표를 바탕으로, 앞으로 5년 안에 내가 할 수 있는 단 하나는 무엇인가?

1년의 목표	5년의 목표를 바탕으로, 올해 내가 할 수 있는 단 하나는 무엇인가?
한 달의 목표	1년 목표를 바탕으로, 이번 달에 내가 할 수 있는 단 하나는 무엇인가?
한 주의 목표	이달의 목표를 바탕으로, 이번 주에 내가 할 수 있는 단 하나는 무엇인가?
하루의 목표	이번 주의 목표를 바탕으로, 오늘 내가 할 수 있는 단 하나는 무엇인가?
지금의 목표	오늘의 목표를 바탕으로, 지금 내가 할 수 있는 단 하나는 무엇인가?

다음 목표는
어린이 기자단!

"헤헤, 뭔가 좀 쑥스럽다."

"나도…."

수업이 끝난 후, 서준이와 유찬이는 안절부절못하며 6학년 교실 앞 복도를 서성거렸다. 잠시 후, 6학년 2반 형, 누나들이 교실 밖으로 나오기 시작했다. 교실이 텅 비고 나서야 서준이와 유찬이는 쭈뼛쭈뼛 교실로 들어섰다.

"오! 어서 와. 벌써 기사를 다 쓴 거야?"

선생님이 깜짝 놀라며 서준이와 유찬이를 바라보았다.

"아, 아니에요. 오늘은 뭘 좀 말씀드리고 싶어서…."

유찬이가 말꼬리를 흐렸다.

"그래? 뭘까?"

서준이와 유찬이는 서로 눈빛을 주고받았다. 그리고 서준이가 먼저 말을 꺼냈다.

"선생님, 저희 어린이 기자단에 지원하고 싶은데요, 어떻게 준비해야 될지 모르겠어요."

"어린이 기자단?"

"네. 국세청이나 지자체 같은 곳에서 어린이 기자단을 뽑는다고 삼촌이 알려 주셨거든요. 저희 그거 하고 싶어요."

서준이의 말에 선생님은 노트북 컴퓨터로 어린이 기자단을 검색했다.

"아, 그래. 나도 들어서 알고는 있었는데, 사실 어떻게 지원하고, 어떤 친구들을 뽑는지 자세한 건 잘 모르겠네."

선생님은 화면을 한참 바라보다가 노트북 컴퓨터를 덮으며 말했다.

"이건 선생님이 좀 더 찾아볼게. 그 정도 시간은 줄 수 있지?"

"네."

서준이와 유찬이가 동시에 대답했다.

며칠 후, 서준이와 유찬이는 선생님의 호출을 받고 다시 6학년 2반 교실로 향했다.

"어서 와."

선생님은 환히 웃으며 아이들을 맞아 주었다.

"잘 봐."

선생님이 노트북 컴퓨터 화면을 아이들이 볼 수 있도록 돌려 주며 말했다.

"어린이 기자단을 뽑는 곳은 국세청, 통일부, 국토교통부 등이 있어. 그리고 지자체나 언론사에서도 뽑아. 모집 기간은 보통 학기 초가 많고, 5월 즈음에 뽑는 곳도 있어."

서준이와 유찬이는 화면을 보면서 선생님 말에 귀를 쫑긋 세웠다.

"지원하기 위해서는 대부분 자기소개서를 비롯한 지원 서류를 내야 해. 그리고 지정된 주제로 기사나 글을 써야 하지."

서준이와 유찬이는 고개를 끄덕였다.

"어떤 곳에 지원하고 싶은지 생각해 봤어?"

"저는 어디든 다 좋을 것 같아요."

"저도요."

"음, 나도 너희가 여러 곳에 지원하면 좋을 것 같긴 한데, 그러려면 자기소개서나 지정 주제 글을 여러 개 써야 해. 각각의 정부기관이나 지자체, 언론사의 주제에 맞게 글을 여러 개 쓸 수 있겠어?"

서준이와 유찬이는 아무 말도 하지 못했다.

"지금이 10월이니까 시간도 그리 여유롭지는 못해. 그러니까 잘 생각해 보고 결정했으면 좋겠다."

"선생님, 선생님은 저희가 어디에 지원하는 게 좋다고 생각하세요?"

유찬이가 눈을 반짝이며 물었다. 선생님은 잠깐 생각을 하다가 말했다.

"유찬이는 주변을 세심하게 관찰하고, 사람들이 좀 더 편하게 지냈으면 좋겠다는 마음으로 기사를 쓰기 시작했잖아? 그리고 서준이는 어떤 특정한 분야에 대해 조사하거나 인터뷰한 내용으로 기사를 쓰고 있고…."

서준이와 유찬이는 크게 고개를 끄덕였다.

"내가 볼 땐 정부기관 같은 경우에는 각 기관에서 하는 일에 대해 잘 조사해서 써야 할 기사가 많을 것 같고, 지자체 같은 경우에는 우리가 살아가는 지역에 대해 관찰하고 좋은 점이나 개선할 점을 찾아서 써야 할 기사가 많을 것 같아. 그러니까 어떻게 기사를 쓰는 게 자기한테 잘 맞을지 생각해 봐야겠지?"

선생님은 여기까지 이야기하고 서준이와 유찬이를 바라보았다.

"저는 지자체 어린이 기자단에 지원하는 게 맞을 것 같아요."

유찬이가 고개를 끄덕이며 대답했다.

"저는 좀 더 생각해 봐야 할 것 같아요."

서준이는 고개를 갸웃거리며 말했다.

"좋아. 더 많이 알아보고 결정해서 오면 그다음은 선생님이 최대한 도와줄게."

선생님은 양손으로 서준이와 유찬이의 어깨를 두드렸다.

집에 온 서준이는 마술부 공연에 대한 기사를 쓰고 난 후, 컴퓨터로 어린이 기자단에 대해 찾아보았다. 모집 기간이나 지원 방법 등을 좀 더 자세히 살펴보고, 어린이 기자들이 어떤 활동을 하고 어떤 기사를 쓰는지도 찾아보았다.

그러다 서준이의 눈길이 꽂힌 곳은 바로 국세청 어린이 신문 홈페이지였다. 거기에는 어린이 기자들이 쓴 기사들도 많이 있었는데, 서준이는 그 기사들을 하나하나 찾아 읽다가 깜짝 놀라고 말았다. 사실 서준이는 세금이라는 건 우리와 거리가 멀고 어려운, 어른들의 이야기라고 생각했었다. 그런데 기사를 읽어 보니 세금은 우리의 생활과 많은 관련이 있었고 재미있는 이야기도 많았다.

한참 기사를 읽는 데 집중하고 있을 때 누군가가 서준이의 방문을 똑똑 두드렸다.

"네?"

"밥 먹어."

누나였다. 서준이는 컴퓨터를 끄고 주방으로 갔다.

"뭘 그렇게 열심히 하고 있었어?"

엄마가 식탁 위에 반찬을 놓으며 물었다.

"동영상 보고 있었겠죠, 뭐."

누나가 시큰둥하게 말했다.

"아니거든. 기사 찾아보고 있었거든."

서준이가 발끈하며 말했다.

"무슨 기사?"

이번에는 아빠가 물었다.

"그냥 뭐 이것저것…, 아, 아빠, 아빠는 어떤 세금을 내세요?"

"응? 갑자기 세금?"

"헤헤, 방금 세금에 관한 기사를 봤거든요."

"아빠는 근로소득세도 내고, 자동차가 있으니까 자동차세도 내고, 뭐 그렇지."

"자동차가 있으면 세금을 내요?"

아빠는 고개를 끄덕였다.

"근로소득세는 뭐예요?"

"아빠가 일을 하면 급여를 받잖아. 급여를 받으면 소득이 생기고, 그 소득에 대한 세금을 내야 하는 거지."

"아, 그렇구나. 정말 지금까지 세금에 대해 너무 몰랐던 것 같아요."

서준이의 말에 누나가 웃음을 터뜨렸다.

"푸하하, 너하고 아무 상관 없는 얘기인데 뭘 그렇게 쓸데없이 진지하냐?"

그러자 아빠가 누나에게 말했다.

"아니 세금이 왜 서준이하고 상관없어? 서준이도, 너도 다 세금을 내고 있는데…."

"네? 저희가 무슨 세금을 내요?"

누나가 깜짝 놀라며 물었다.

"혜준이 너 어제 친구들이랑 즉석 사진 찍었지? 그리고 서준이는 집에 오다가 편의점 들러서 음료수 사 왔잖아. 거기에 다 세금이 포함되어 있는 거야."

"우리가 뭘 사든 다 세금을 내는 거라고요?"

엄마와 아빠는 동시에 고개를 끄덕였다.

"물건 사고 영수증 잘 봐. 거기에 너희가 내는 세금이 얼마인지 다 나오니까…."

엄마의 말에 서준이가 눈을 동그랗게 뜨며 말했다.

"우아, 진짜 몰랐어요. 진짜 세금은 먼 얘기가 아니네요."

엄마와 아빠는 그런 서준이를 보며 흐뭇하게 웃었다.

한가한 토요일 오전, 삼촌은 국제 대회 때문에 출장 중이었고, 재윤이는 본선 경기 준비를 하느라 학원 밖에서는 얼굴조차 볼 수가 없었다. 서준이는 다 써 놓은 학교 신문 기사를 다시 한번 읽으며 느긋하게 시간을 보내고 있었다. 그때였다.

서준아, 유찬이랑 같이 공원 가자.

태민이었다. 그러잖아도 심심했던 차에 잘 됐다 싶어 서준이는 부지런히 준비를 하고 밖으로 나갔다.

"서준아, 넌 기사 다 썼어?"

유찬이가 서준이의 얼굴을 보자마자 기사 얘기부터 꺼냈다.

"응. 이제 한 번만 더 읽어 보고 마음에 안 드는 부분만 고쳐서 이메일로 보내면 돼. 너는?"

"난 이미 다 보냈지."

유찬이가 자신만만하게 말했다.

"너희들 오늘은 기사 얘기 하지 마. 난 재미없어."

태민이가 양손으로 서준이와 유찬이의 어깨를 꾹 누르며 말했다.

"아, 알았어, 알았어. 얼른 가자."

유찬이가 태민이의 손을 치우며 앞장서 걸어갔다.

셋은 자전거를 타고 신나게 공원을 돌아다녔다. 너무 열심히 돌아다녀서인지 금세 배가 출출해졌다. 셋은 근처에 있는 패스트푸드 가게로 가서 햄버거와 음료수를 샀다. 자리에 앉아 막 먹으려다가 서준이가 뭔가를 발견하고는 햄버거를 내려놓았다.

"아, 맞다. 이거 봐야 되는데….”

서준이가 집어 든 건 햄버거와 함께 따라온 영수증이었다. 서준이는 영수증을 꼼꼼히 살펴보았다. 정말 아빠의 말처럼 햄버거 가격에는 부가세가 포함되어 있었다.

"와! 진짜였네.”

"뭐가?”

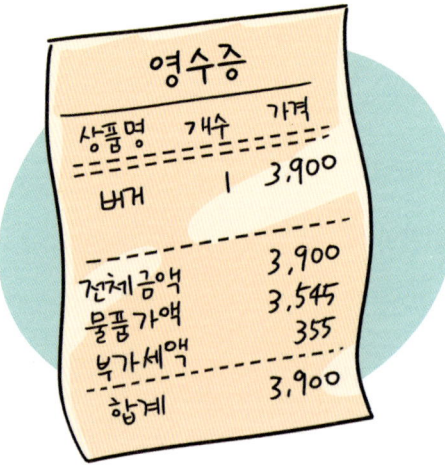

유찬이와 태민이가 궁금한 듯 서준이를 바라보았다. 서준이는 영수증을 둘에게 내밀며 말했다.

"우리가 햄버거를 사 먹고 돈을 내잖아? 그러면 거기에 햄버거 값이랑 세금이 포함돼 있는 거야. 그러니까 우리도 나라에 세금을 내고 있는 거지."

"세금?"

태민이가 고개를 갸웃거렸다.

"응. 난 어른들만 세금을 내는 줄 알았거든."

"나도 그런 줄 알았어."

태민이도 고개를 끄덕였다.

"너 그걸로 기사 쓰려고 그러지?"

유찬이가 눈을 가늘게 뜨며 물었다.

"기사 때문에 찾아본 건 맞는데, 이걸로 쓸지, 안 쓸지는 아직 몰라."

서준이의 말에 태민이가 아이들을 흘겨보았다.

"기사 얘기 금지라고 했지!"

"아, 맞다. 미안…."

셋은 햄버거를 먹고 나와 또다시 공원을 누비다 오후 늦게야 집으로 돌아왔다.

세 번째 학교 신문이 나왔다. 이번 신문이 나온 후에 서준이는 마술부 아이들에게 '고맙다', '잘 썼다'는 문자 메시지를 받기도 했다. 학교 신문에 처음 기사가 실렸을 때보다 더 행복하고 기분이 좋았다.

다시 주말이 오고, 출장에서 돌아온 삼촌이 재윤이와 서준이에게 놀러 오라는 연락을 했다. 학원에서 볼 때마다 축 늘어져 있던 재윤이도 하루는 놀아야겠다며 잔뜩 기대에 부풀었다.

삼촌은 만나자마자 쇼핑 가방 하나씩을 서준이와 재윤이에게 건넸다. 그 안에는 펜과 노트, 수첩, USB와 같은 물건들이 잔뜩 담겨 있었다.

"이번 대회 기념품이야. 예뻐서 너희들 주려고 사 왔지."

"우아아아! 이거 진짜 너무 좋아요."

재윤이는 입을 벌린 채 다물지 못했다.

"헤헤, 저도 잘 쓸게요. 진짜 다 너무 예뻐요."

서준이도 웃으며 말했다.

"저는 이거 안 쓰고 보기만 할 거예요. 그리고 나중에 이 대회에 꼭 나갈 거예요."

재윤이는 비장한 표정으로 기념품을 하나하나 바라보았다.

"그럼. 분명히 그렇게 될 거야."

삼촌이 재윤이의 머리를 쓰다듬었다.

"그나저나 너희들, 도미노는 세워 봤어?"

삼촌이 냉장고에서 음료수와 간식을 꺼내며 물었다.

"저는 이미 도미노에 글자까지 다 써 놨어요."

재윤이의 말에 삼촌이 웃으며 물었다.

"그래? 뭐라고 썼어?"

"에이, 그건 비밀이죠."

"좋아. 그럼 서준이는?"

"저는 내년에 어린이 기자단에 지원할 거거든요. 거기에 합격하면 그때 도미노를 제대로 세워 볼 거예요."

"오, 좋은 생각이야."

이번에는 삼촌이 서준이의 머리를 쓰다듬었다.

"둘 다 정말 잘 해내고 있어서 기분이 진짜 좋다. 오늘은 시간도 넉넉하니까 우리 놀이공원 갈까?"

"와!"

서준이와 재윤이는 두 팔을 들고 환호성을 질렀다.

삼촌과 서준이, 재윤이는 놀이공원에 있는 모든 놀이기구를 다 타 보겠다며 정신없이 뛰어다녔다. 놀이공원을 나와 뷔페에서 저녁 식사까지 하고 나오니 어느새 밖이 캄캄해져 있었다.

"오늘 어땠어? 재미있었어?"

집으로 오는 차 안, 삼촌이 아이들에게 물었다.

"네. 그런데 삼촌이 제일 신난 것 같던데요?"

서준이의 말에 재윤이도 키득거렸다.

"크크크, 그래서 말인데, 겨울방학 하면 또 오자."

"네에!"

서준이와 재윤이는 차가 떠나가라 소리를 쳤다.

최종 목표를 이루기 위해 필요한 것들

자, 지금쯤이면 아마도 여러분은 나만의 최종 목표와 그 목표를 이루기 위해서 지금 내가 해야 하는 단 하나의 일을 찾았을 거예요. 이제부터는 단 하나의 최종 목표를 이루기 위해서 꼭 필요한 것들을 알려 줄게요.

첫 번째는 그 분야에서 탁월한 능력을 가진 사람, 그러니까 ==전문가가 되는 것==이에요. 전문가가 되려면 최선을 다해 노력하고 계획한 것을 반드시 실천하려는 의지가 필요합니다.

두 번째는 그저 도전하는 것이 아니라 ==목적의식을 가지고 도전하는 것==이에요. 도전은 그 자체로도 의미가 있지만, 무조건 쉬운 방법만 찾아 도전해서는 목표를 이루기 어려워요. '어떻게 하면 이 한계를 뛰어넘어서 내 목표를 이룰 수 있을까?'라는 마음가짐으로 목표를 이룰 방법을 찾고 도전해야 합니다. 이 방법에 익숙하지 않다면 많이 힘들 수 있어요. 그러나 이런 자세를 가져야 내가 하는 도전이 성공으로 이어질 수 있다는 것을 꼭 기억하세요.

세 번째는 ==책임감을 가지는 것==이에요. 도전에는 늘 실패의 가능성이 따르는

데, 그렇다고 실패할 때마다 주변을 탓하거나 어쩔 수 없다고 체념해 버리면 발전할 수 없겠죠. 무엇 때문에 실패했는지 정확히 분석하고, 앞으로 어떻게 대처해야 할지에 대해 스스로 질문해 봐야 해요.

이 모든 것을 혼자 하기는 결코 쉽지 않아요. 부모님이나 선생님처럼 나에게 멘토가 되어 줄 만한 사람과 지속적으로 대화하고, 필요하면 도움을 요청하는 것이 중요해요. 혼자서 해결할 수 없을 때 적절하게 주변으로부터 도움을 청할 줄 알아야 해요. 이렇게 하다 보면 결국 언젠가는 온전히 나만의 힘으로 무언가를 해낼 수 있게 된답니다.

멈추지 말고
'단 하나의 일'에 집중하는 거야!

서준이와 유찬이, 그리고 이재현 선생님이 모여 앉은 교실 안에 묘한 긴장감이 흘렀다. 오늘은 서준이와 유찬이가 어린이 기자단에 지원하기 위해 쓴 기사를 가지고 온 첫날이었다. 선생님은 학교 신문 기사를 볼 때와는 다르게 심각한 표정으로 한 줄 한 줄 꼼꼼히 기사를 읽었다. 서준이와 유찬이는 잔뜩 얼어붙은 얼굴로 선생님의 반응만 살피고 있었다.

얼마나 시간이 지났을까? 빽빽하게 쓴 두 장의 기사를 모두 읽은 선생님이 아이들의 얼굴을 흘끗 쳐다보았다. 그리고는 미소를 지었다.

"잘 썼어."

"우아, 정말요?"

서준이와 유찬이가 동시에 외쳤다. 선생님은 손에 들고 있던 기사를 책상에 내려놓으며 웃었다.

"그런데 참 신기해. 서준이 기사는 이름을 안 봐도 서준이 기사인 줄 알겠고, 유찬이 기사는 또 말하지 않아도 유찬이 기사인 줄 알겠고…. 둘 다 개성이 아주 뚜렷해."

"헤헤."

서준이와 유찬이는 서로를 바라보며 웃었다.

"잘 썼는데 아직은 고쳐야 할 부분이 좀 있어. 이건 내가 표시해 주지 않을 테니까 직접 읽고 고쳐 보도록 해. 어린이 기자단이 되고 나서도 내가 번번이 기사를 고쳐 줄 순 없으니까…."

선생님은 둘에게 기사를 돌려주었다.

"그리고 겨울방학 때 다른 기사도 몇 개 더 써 보자. 아무래도 여러 번 써 보면 글쓰기 실력이 더 늘기도 할 테고, 또 가장 좋은 기사로 골라서 지원할 수도 있으니까…."

"겨울방학 때는 선생님께 어떻게 보여 드려요?"

서준이가 물었다.

"이메일로 보내도 좋고, 아니면 기사 다 쓰고 연락해. 그때 학교에서 만나도 되니까…. 대신 둘 다 함께 만나는 걸로 하자. 한 명씩 만나다가는 겨울방학 내내 학교에 출근해야 될 수도 있으니까…."

"헤헤, 네."

서준이와 유찬이는 웃으며 고개를 끄덕였다.

 서준, 혜준, 6시에 지하주차장으로 와. 오늘 저녁은 외식하자.

한참 기사를 고치고 있는데, 엄마에게서 문자 메시지가 왔다. 오늘은 엄마, 아빠가 모두 쉬는 날이었지만 엄마는 도서관에, 아빠는 영어학원에 가느라 집에는 서준이와 누나만 있었다.

서준이는 주섬주섬 외투를 입고 방문을 열었다. 누나는 이미 현관에서 신발을 신고 있었다.

서준이네 가족은 차를 타고 집에서 조금 떨어진 식당으로 갔다. 식사를 마친 후에는 근처 카페로 갔는데, 카페의 넓은 마당 한쪽에 장작이 타고 있었다. 공기가 차갑기는 했지만 서준이네 가족은 장작불 앞에 모여 앉아 차를 마시며 이야기를 나누었다.

"너희들, 겨울방학에 뭘 할 거야? 무슨 계획 있어?"

아빠가 서준이와 누나를 번갈아 보며 물었다.

"저는 이재현 선생님이랑 유찬이랑 어린이 기자단에 지원할 기사를 준비하기로 했어요."

서준이의 말에 누나가 피식 웃었다.

"그것 봐. 그 선생님 엄청 좋은 분이라고 내가 말했지?"

서준이는 할 말이 없어서 장작불만 바라보았다.

"혜준이는 겨울방학이 더 바쁘겠네. 예술고등학교 준비 때문에…."

아빠의 말에 누나가 고개를 끄덕였다.

"네. 예술중학교는 못 갔지만 예술고등학교는 꼭 갈 거예요."

그때, 장작불만 바라보던 서준이가 엄마, 아빠를 보며 물었다.

"그런데요, 엄마랑 아빠는 왜 공부를 계속하시는 거예요?"

"응?"

엄마와 아빠는 생각지도 못한 질문이라는 듯 고개를 갸웃거렸다.

"엄마는 아직 학생이야. 대학원생. 학생이니까 공부를 하는 게 당연하지."

"그럼 아빠는요?"

"아빠는 나중을 위해서 공부하는 건데?"

아빠가 싱긋 웃으며 말했다.

"나중에 뭘 하시려고요?"

이번에는 누나가 물었다.

"음, 난 너희들이 어른이 되고 나면 그땐 국제봉사단체에 들어가서 의료봉사를 할 거야."

"네?"

처음 들은 아빠의 이야기에 서준이와 누나가 깜짝 놀라 외쳤다.

"아빠는 간호사가 되기로 마음먹었던 그 순간부터 봉사를 하겠다는 목표가 있었거든. 그러려면 기본적으로 영어를 아주 잘해야 되지 않겠니? 그래서 열심히 학원에 다니고 있지."

"우아, 진짜 몰랐어요."

"당연하지. 한 번도 말한 적이 없으니까…."

"왜 말씀을 안 하셨어요?"

"물어본 적이 없잖아."

맞는 말이었다. 늘 아빠는 직장에 나가 일을 한다고만 생각했지, 다른 목표가 있을 거라는 생각을 해본 적이 없었다.

"그럼 엄마는 교수님이 되는 게 목표인 거예요?"

누나의 질문에 엄마가 고개를 끄덕였다.

"응. 그래서 열심히 공부하고 있잖아."

"그럼 언제쯤 교수가 될 수 있는 거예요?"

서준이가 묻자 엄마가 눈을 찡긋거렸다.

"지금 쓰는 논문이 통과되면 학위를 받을 것 같아. 그러고 나면 교수로 임용될 수 있는 기회도 생기겠지?"

"와, 이러고 있을 때가 아닌 것 같아요."

이야기를 듣던 서준이가 벌떡 일어섰다.

"왜?"

"얼른 가서 저도 할 일 해야죠. 아빠, 얼른 가요."

마침 차도 다 마시고, 찬바람까지 씽씽 불어왔다.

"그런데 서준이 말이야, 아무리 생각해도 신기해. 늘 이것저것 하는 게 많아서 산만하기 짝이 없더니, 이제는 컴퓨터 앞에 앉아 검색하고, 기사 쓰는 데 완전히 빠져 있잖아."

집으로 가는 차 안에서 아빠가 말했다.

"맞아. 널 키우는 12년 동안 그런 모습은 정말 처음이야."

엄마도 맞장구를 쳤다.

"에이, 이제 앞으로 매일 보실 거예요."

서준이가 손사래를 치며 말하자, 누나가 코웃음을 쳤다.

"얼마나 가나 두고 봐야죠."

서준이가 옆에 앉은 누나를 노려보았고, 누나는 창밖만 바라보았다.

"으이그, 어째 오늘은 조용하다 했다."

엄마와 아빠는 그런 서준이와 누나를 보며 웃음을 터뜨렸다.

겨울방학이 되었다. 방학 전날 2학기 마지막 학교 신문이 배포되었고, 서준이와 유찬이의 기사가 나란히 하나씩 실렸다.

방학이 되어도 서준이는 쉴 틈이 없었다. 세금에 관한 더 재미있는 이야기, 유익한 이야기를 찾고, 그걸 바탕으로 기사를 쓰는 연습을 방학에도 꾸준히 했다. 그리고 방학 동안 영어와 수학 문제집을 정해서 풀기로 재윤이와 약속했기 때문에 일주일에 두세 번은 도서관에도 가야 했다. 기자가 되기 위해서는 기사를 잘 쓰는 것도 중요하지만 공부도 열심히 해야 한다는 걸 잘 알기 때문이었다.

유찬이와 함께 일주일에 한 번 학교에서 가서 선생님을 만나기도 했다. 선생님은 더 꼼꼼하게 아이들의 기사를 살펴봐 주었고, 잘하고 있다며 격려해 주었다.

그렇게 정신없는 겨울방학도 끝이 나고 6학년이 시작되었다. 다른 아이들은 새로운 시작에 설렜지만, 서준이와 유찬이는 다른 일에 설레었다. 드디어 어린이 기자단 모집이 시작된 것이었다.

이재현 선생님은 4학년 담임선생님이 되었다. 새 학기가 시작된 다음 날, 서준이와 유찬이는 수업이 끝나자마자 4학년 1반 교실로 향했다. 선생님은 노트북 컴퓨터를 펼쳐 둔 채 서준이와 유찬이를 맞아 주었다.

"자, 이제 해볼까?"

선생님은 먼저 유찬이가 지원하기로 한 지자체 어린이 기자단 모집 사이트를 열었다. 지원 서류를 접수하고, 유찬이가 방학 동안 열심히 썼던 기사를 첨부했다.

"이번에는 서준이!"

선생님의 말에 서준이의 가슴이 두근두근 뛰기 시작했다. 선생님은 마찬가지로 국세청 어린이 기자단 모집 사이트를 열어 지원 서류를 접수하고 기사를 첨부했다.

"이제 기다리기만 하면 되겠다."

선생님이 노트북 컴퓨터를 덮으며 말했다. 서준이와 유찬이는 진지한 표정으로 고개를 끄덕였다.

"너희들 여기 지원했다고 학교 신문 기사 쓰는 데 소홀하면 안 된다. 알았지?"

"네."

교실을 나와 복도를 걷는데 서준이와 유찬이의 입에서 자꾸만 웃음이 새어 나왔다.

"아, 진짜 꼭 됐으면 좋겠다."

"나도…."

"그런데 학교 신문 기사도 써야 하잖아. 넌 뭘 쓸 거야?"

유찬이의 질문에 서준이가 휴대폰을 들어 보였다.

"여기에 다 있지."

"뭐야? 뭔데?"

유찬이는 서준이의 휴대폰을 빼앗으려 했지만, 서준이는 빼앗기지 않으려고 팔을 쭉 뻗었다.

서준이가 쓰려는 기사는 지난 졸업식 때 마술부 친구들이 했던 공연에 관한 것이었다. 이때에도 마술부 친구들이 먼저 서준이에게 연락을 해서 꼭 기사로 써 달라고 부탁했었다.

며칠이 지났다. 기사를 쓰던 서준이가 잠시 쉬려고 소파에 앉아 휴대폰을 들여다보다가 깜짝 놀랐다. 기사를 쓰는 동안 집중하기 위해 휴대폰을 무음으로 해두었는데, 부재중 전화 두 통과 20개가 넘는 문자 메시지가 와있었다.

전화는 모두 유찬이에게서 온 것이었고, 문자 메시지는 유찬이와 재윤이에게서 온 것이었다.

나 합격했어! 자랑하려고 전화했는데 왜 안 받아?

강서준! 전화 좀 받아!

우리 내일 태민이랑 만나서 맛있는 거 먹자!

나 축하 안 해줄 거임?

메시지만 봐도 유찬이가 얼마나 신이 났는지 알 것 같았다.

서준, 나 상 못 받았어. 진짜 열심히 했는데….

그렇지만 내년엔 꼭 상 받을 거임.
나 이제 더 열심히 할 거야.

하아, 좀 실망이긴 해.
나 삼촌한테 위로받아야 한다고!

반대로 재윤이의 문자 메시지는 실망과 한숨이 잔뜩 담겨 있었다. 서준이는 유찬이에게는 축하의 문자 메시지를, 재윤이에게는 위로의 문자 메시지를 보냈다.

잠깐 쉬다 다시 컴퓨터 앞으로 돌아온 서준이는 한동안 멍하니 화면을 바라보며 유찬이와 재윤이의 문자 메시지를 떠올렸다. 유찬이처럼 결과가 좋으면 정말 기분이 좋을 것 같지만, 만약 재윤이처럼 조금 실망스러운 결과를 얻게 된다면 어떻게 해야 할지, 머릿속에 여러 생각이 뱅뱅 맴돌았다.

그러는 사이 컴퓨터 화면이 새까맣게 변했다. 아무것도 하지 않고 한참 동안 켜 둔 탓이었다. 서준이는 정신을 바짝 차리고 다시 키보드 위에 손을 얹었다.

'뭐, 안 되면 할 수 없지. 기회가 이번 한 번뿐은 아니잖아. 만약 안 되면 중학교, 고등학교 때 청소년 기자단에 도전해 보면 되지.'

서준이는 고개를 세차게 가로저었다. 머릿속으로 파고들려고 하는 크고 작은 생각들을 날려 버리기 위해서였다.

목표를 이루기까지 서준이에게는 아직 많은 시간이 남아 있고, 그 시간 동안 해야 할 일은 딱 하나였다. 그건 바로 지금 주어진 '단 하나의 일'에 집중하는 것이었다. 그렇게 하나의 일에 집중하고 조금씩 결과를 얻어 내면 분명 삼촌처럼, 엄마처럼, 아빠처럼 서준이도 이루고 싶은 일에 조금씩, 조금씩 다가가게 될 것이었다.

목표를 이루기 위해 서준이가 지금 해야 할 단 하나의 일, 서준이는 힘주어 한 글자, 한 글자 입력해 나갔다.

생각해 보기 10

'단 하나의 일'에 집중하기 위해 내가 할 일

여러분이 '단 하나'를 찾더라도 그것에 집중하는 것은 쉬운 일이 아니에요. 그 하나에 매일매일 집중해야 한다면 그것은 훨씬 더 어렵겠지요. 하지만 이를 위해 여러분이 일상에서 할 수 있는 것들을 알아 둔다면 결코 불가능한 것도 아니랍니다. '단 하나의 일'에 집중하기 위해 일상에서 할 수 있는 다음 네 가지를 꼭 실천해 보도록 하세요.

첫 번째, ==거절하는 법을 배우세요.== 여러분은 지금 해야 하는 일이 있을 때 친구가 밖에 나가 놀자고 하면 쉽게 거절하는 편인가요? 처음에는 다른 사람의 제안이나 요청을 거절하는 게 어려울 수 있어요. 하지만 사실 거절하는 게 그리 대단하거나 겁낼 일이 아니라는 것을 곧 알게 될 거예요. 상대방의 의사를 존중하면서 거절하거나, 필요할 때는 단호하게 거절할 줄도 알아야 해요.

두 번째, ==모든 일을 다 잘하려고 하지 마세요.== 단 하나에만 집중하다 보면 그 외의 일들에는 덜 집중할 수밖에 없어요. 그래서 때로는 예상했던 것보다 미뤄지는 일이 생기기도 하지요. 이럴 때 사람들은 대부분 혼란스럽고 불안한 마음에 이 일 저 일 다 해내려고 합니다. 이것은 어쩌면 자연스러운 현상이에요. 그럼에도 불구하고 단 하나의 일에만 집중해야 합니다. 나중에 목표 달성에 성공하고 나면 결국 여러분의 선택이 옳았다는 게 증명될 거예요.

세 번째, ==체력 관리에 신경 쓰세요.== 우리 신체와 정신의 에너지는 무한하지 않아요. 너무 어려운 일을 한 번에 하려고 하거나, 한꺼번에 너무 많은 일을 하려고 하면 에너지가 바닥나 아무것도 못하게 되고, 결과적으로 건강을 해칠 수 있어요. 무엇보다 잠을 충분히, 건강하게 자야 합니다.

네 번째, ==정서적으로 에너지를 보충하세요.== 여러분이 사랑하고 여러분을 사랑하는 사람들과 함께 즐거운 시간을 보내세요.

이런 것들을 마음속에 깊이 새겨 두고 실천한다면, 여러분이 이루고 싶은 목표를 위한 단 하나의 일에 매일매일 꾸준히 집중할 수 있을 거예요.